人间佛教的

戒定慧

星云大师/著

人民东方出版传媒
People's Oriental Publishing & Media

東方出版社
The Oriental Press

目 录

序

星云

在佛教里，一个初入道的沙弥，又名"勤息"，就是要"勤修戒定慧，息灭贪嗔痴"的意思。由此可见，人生最强大的敌人是"贪嗔痴"烦恼，需要佛法的"戒定慧"三学才能降伏。

戒定慧三学也就是经律论三藏，经藏诠释定学，律藏诠释戒学，论藏诠释慧学。所以，修习戒定慧三学，在思想和生活上就能实现佛陀的教法。

其实，不只是沙弥需要勤修戒定慧，就是在家信众也要受三皈五戒，要研习经论，甚至大阿罗汉、大比丘、大菩萨，也莫不如是，都要勤修戒定慧。乃至佛教的宗派，虽然有汉传、藏传、南传之分，但是每一个地区的佛教，也都是以戒定慧为本。可以说，佛教的僧信二众，都要依三藏经律论、三学戒定慧为学习的主要内容。

"人间佛教"既然渊源于人间佛陀的开示，对于戒定慧三学，自然也定为人间佛教行者根本的勤修目标。乃至人间佛教的传播，一方面固然要迎合时代的需要，但也要有传统的佛法为根据，所以人间佛教发展至今，不得不把根本佛教的戒定慧提出来，作为人间佛教的思想依据。

例如，佛教的"三皈五戒"，人间佛教跟着就提出"三好、七诫"；佛教有"四禅八定"，人间佛教也定出各种生活禅定的修法；佛教注重义学之般若、中论、唯识、天台、华严，等等，人间佛教也不得不以传统佛教的慧学，融合当代的文、史、哲、科技等学问，把佛教生活化于人间。

星云一生，弘法利众，建寺安僧，现在到了年老告退之时，不得不为人间佛教做一些古今映照、传统与现代融和的工作。所以在此次香港弘法三十余年、香港红磡体育馆讲座二十年纪念之时，特别以"人间佛教的戒定慧"为题，分三天讲说。不敢说这是引古证今，只希望古今融和，也希望当代研究人间佛教的佛子们，以根本佛教的戒定慧为修学目标，并发扬戒定慧的时代精神，让它成为人间佛教的依据。

所谓"一切人皆依一切法"，一切法都不离我佛如来的戒定慧三学。此次随着"人间佛教的戒定慧"三学的佛学讲座之后，我将把三天的讲演未定稿，加以重新整理，作为佛光人弘扬人间佛教的依据。这三天的演讲，不敢说谈学论道，只能说是野人献曝，只希望未来在"三法印"的印证下，人间佛教能点燃起戒定慧三学的火炬，以佛法来普照世间，为人间建立起一片清净安乐的净土。祈愿以此微薄心愿，供养一切众生。

星云大师
二〇〇六年十二月上旬　于佛光山传灯楼

人间佛教的戒学

《华严经》说："戒为无上菩提本，长养一切诸善根。"戒律是佛法的生命，是诸佛化世的本源，佛说一切众生皆有佛性，然而佛性虽具，必须持戒，然后乃见。因此《佛遗教经》说："若人能持净戒，则能有善法；若无净戒，诸善功德皆不得生。"

(二〇〇六年十二月八日讲于香港红磡体育馆)

各位法师、各位嘉宾、各位居士，大家好！

很高兴一年一度我在香港红磡体育馆的佛学讲座，今天起又将在这里和大家共结第二十年的法缘。在这三天的讲座里，我将以"人间佛教的戒学"、"人间佛教的定学"、"人间佛教的慧学"，分别将佛教的根本教理"戒定慧"三学提出说明，请大家指教。

在此以前，我与香港佛教的信徒结缘，至少已有三十年以上的历史。回顾往事，自从在沙田大会堂及油麻地梁显利中心讲演以后，就固定每年在红磡体育馆举行为期三天的佛学讲座，到今年正好届满二十年。这二十年来，我在这里讲过《阿含经》、《六祖坛经》、《金刚经》、《维摩诘经》、《法华经》、《八识规矩颂》等佛教的经论大义。也从佛教的"禅修法门"、"净修法门"、"律修法门"，讲到"身与心"、"空与有"、"教与用"。这些讲题所探讨的都是佛教各个宗派的义理主张与实践修行法；甚至透过"禅师与禅诗"、"禅心与人心"、"禅道与佛法"，进一步参究禅的妙谛。另外，我也曾经提出"佛教的财富之道"、"佛教的长寿之道"、"佛教的人我之道"，乃至"佛教看素食"、"佛教看管理"、"佛教看环保"等主题，提供人间佛教对现实人生各种问题的看法与解决之道。

二十年来，每次的讲座很感谢大家热忱参与，每年都有不少人远从世界各地回港，大家闻法的热忱，足证香港佛教信众的信仰虔诚。尤其大家十分热心，总在听闻佛法后，当天回家马上就把闻法的欢喜，透过电话分享给全世界的亲朋好友。因此我走遍世界各地，在五大洲建寺弘法，香港移民最热忱，无数的香港人在世界各地跟着闻法、护持，出钱、出力，却从来不居功。所以我常说，如果今天我在世界各地推动佛法能有一些成就，应该感谢香港信众们的因缘，真的很谢谢大家。

此外，这么多年来也承蒙香港大学、香港中文大学、香港理工大学等校的邀请，让我有因缘多次到各个大学结缘，尤其香港中文大学更在二〇〇五年四月，与佛光山合作，共同成立"人间佛教研究中心"，希望透过双方合作，使佛教研究更上一层楼，更是意义重大。

今年七月，我在佛光山举行的供僧法会中，曾经宣布要"封人"。过去佛教有所谓"闭关"，现在我提出"封人"，意义有点相似。我的意思是，我在红磡体育馆讲了二十年，台北地区"国父纪念馆"也讲了三十年，这种每年例行的讲座，从明年开始都将停止举办，因为岁月不待人，我终究是年老了。但是这并不代表我从今以后不再和大家见面，所谓"做一日和尚撞一天钟"，做一天出家人就必然和信徒有关系，所以今后大家仍然是道友，一样随时随地可以和大家结缘。

中国香港是一块宝地，人民很有法治观念；因为香港是个法治的社会，有法治才有秩序。就好像佛教有戒律一样，佛教有"戒住则法住"之说，所以佛教也讲法治。佛教的戒律有比丘二百五十戒、比丘尼三百四十八戒、沙弥（尼）十戒、式叉摩那六法戒，乃至在家信众也需要受持五戒、八关斋戒、菩萨六重四十八轻戒，以及各种清规，等等。你们各位会恐惧被佛教的戒律所束缚吗？其实"戒"是"自由"的意思，不守法、不守戒才会失去自由，守法、守戒的人，多么逍遥自在啊！

谈到佛教的戒律，在中国佛教里，"禅净密"是基本的修行法门，但是无论参禅打坐、诵经念佛，或是持咒修密，都必须以"戒"来规范自己，让自己的起心动念能够不断净化，所以我曾经把"禅净律"三修法门，定位为：禅，是"佛心"，也就是我们的真心；净，是"佛土"，也就是我们的世界；律，是"佛行"，也就是我们的行为。

戒律是吾人行为的规范，要达到成佛作祖的目标，行为最为重要。尤其人间佛教认为，在佛化世间的过程中，必须讲究方法，所谓"方便有多门，归元无二路"，佛教有八万四千法门，并将佛法分为五个层次，称为"五乘佛法"，包括修学三皈五戒的"人乘"，相当于儒家；修习十善禅定的"天乘"，相当于基督教；修习四重圣谛的"声闻乘"，以及修习缘起中道的"缘觉乘"，相当于道教。人天乘修学的是世间法，声闻、缘觉乘修学的是出世间法；佛教把入世的精神（就是人天乘）和出世的思想（就是声闻、缘觉乘）结合起来，以修习六度万行的"菩萨乘"为依归，也就是所谓的"以出世的思想，做入世的事业"。

佛教的六度万行德目虽然很多，但总括而言，不出戒、定、慧三无漏学。戒、定、慧三学是佛教的实践纲领，是学佛者所必修的课目，如《翻译名义集》说："防非止恶曰戒，息虑静缘曰定，破恶证真曰慧。"戒定慧三学可以对治贪嗔痴三毒，能克制人类自私的念头，例如：持戒就不会自私，不自私，贪念就不会生起；禅定就不会损人，不损人，嗔恚就不会生起；修慧就不会无明，不无明，愚痴就不会存在。

戒是对治大恶病的良药，在大恐怖当中，戒可以作为我们的守护；定是我们身心安定的力量，在危难当中，定可以给予我们安稳；慧是我们前途的明灯，在愚昧的时候，慧可以作为我们的指引。戒、定、慧三学是佛法的根本，佛教虽有"三藏十二部"经典，汗牛充栋，但是归纳起来，总不出戒、定、慧三无漏学。

戒、定、慧三学中，戒学居首，但其实彼此互有密切的关联，所谓"由戒生定，由定发慧，由慧趣入解脱"。慧是定的用，定是慧的体，戒、定、慧是学佛不可缺少的资粮。今天首先我就针对"人间佛教的戒学"，提出以下四点看法：

一、戒的制订——因时制宜，时开时遮

二、戒的精神——止恶行善，饶益有情

三、戒的实践——服务奉献，自他两利

四、戒的终极——人格完成，菩提圆满

一、戒的制订——因时制宜，时开时遮

两千五百多年前，佛陀住世弘化四十九年后，在临入涅槃时曾嘱咐弟子要"以戒为师"。佛陀入灭至今，佛弟子仍能见闻佛法，正是由于佛陀"制戒摄僧"的缘故，此即所谓"戒住则僧住，僧住则法住"，所以后来中国佛教依照传承，凡是经过披剃出家者，必须登坛受戒才能成为正式的出家人。

佛陀制戒的本意，虽是专为摄僧而令正法久住，但是戒律并非只有出家众才须要受持，戒是一切善法的根本，也是世间一切道德行为的总归。受戒就如学生遵守校规，人民恪守法律一般，所不同的是，校规、法律是来自外在的约束，属于他律；而佛教的戒律，是发自内心的自我要求，属于自律。

佛教的戒律，依在家、出家、男女之别而有：在家优婆塞、优婆夷受持的五戒、八关斋戒、十善戒；出家沙弥、沙弥尼受持的十戒，式叉摩那受持的六法戒以及比丘二百五十戒、比丘尼三百四十八戒的具足戒，等等。

以上为七众弟子所各别受持的戒律，称为"别戒"，大乘佛教指为"声闻戒"（又称"小乘戒"），因而又另订"菩萨戒"（又作"大乘戒"），其内容为"三聚净戒"，也就是"摄律仪戒"、"摄善法戒"、"饶益有情戒"，这是所有发菩提心的僧俗二众都应受持，所以称为"通戒"。另外，七佛通戒偈："诸恶莫作，众善奉行，自净其意，是诸佛教。"也是通于僧俗二众的禁戒，故为"通戒"。

根据《四分律》记载，佛陀制订戒法，始于成道后第十二年，当时因为须提那比丘犯了淫逸之行，佛陀因此制订"不淫戒"。佛陀制戒都是"随犯随制"，例如南传佛教有"过午不食"的戒法，规定出家人必须在早晨到中午时间进食，凡超过中午以后的时限进食者，称为"非时食"。佛陀之所以制订此戒，根据《五分律》记载，是因为迦留陀夷比丘在傍晚时进入罗阅城乞食，由于光线昏暗，有一名孕妇乍见迦留陀夷，以为是鬼魅，一时惊吓过度而流产。佛陀觉得比丘午后到民宅托钵乞食，多所不便，因此才制订比丘"过午不食"之戒。

从佛陀制戒的因缘，可见佛教的"戒律"，一方面是为了防止佛教徒邪行非法，也就是所谓的"防非止恶"，如《百论疏》卷上之下所说："问制戒意，本取不恼众生。"另一方面更有积极"利益众生"之意，所以《摄大乘论释》卷十一说："如来制戒有二种意：一为声闻自度故制戒；二为菩萨自度度他故制戒。"

所谓"戒律"，有说"戒"是以自发之心持守规律；"律"则含有他律规范之意义。因为佛教教团的确立，必须仰赖僧伽秩序的建立，所以有分别制成的规律条文，以及违反时的罚则，凡此都称为律；如果是由内心自发遵守一切律文，则称为戒。

另有一种说法，认为"戒"原是佛陀住世时，举外道所作之非行来教诫佛教徒者，适用于僧、信二众，并非如律之"随犯随制"，所以在犯戒时不伴以处罚的规定，而是由自发之努力为其特征。照此说法，则戒与律本应有所区分，但后人往往将此二者混用。

其实不管"戒律"的定义为何，佛教所以制订戒律，旨在维持僧团的清净和乐，是僧团的生活规范，这是毫无疑义的，所以《四分律》卷二十二说，制戒有十利：一、摄取于僧，二、令僧欢喜，三、令僧安乐，四、未信者令信，五、已信令增长，六、难调者调顺，七、惭愧者安乐，八、断现在有漏，九、断未来有漏，十、正法久住。

此十种利益，前九种"以法摄僧"是确保僧团清净和乐的方便，最后的"正法久住"才是佛陀制律的最究竟目的，因为"佛法弘扬本在僧"（太虚大师语），是以相较于为伸张正义和维持社会秩序而存在的世法，佛教戒律的制订，更富含宗教的使命感与如来利生的慈悲。

谈到佛教戒律的制订，有人感到不解，为何佛教有在家"五戒"、"菩萨戒"、"八关斋戒"等，出家则有"比丘戒"、"比丘尼戒"、"沙弥戒"等，佛教为什么要有这么多戒条呢？其实道理很简单，就像学生读书，有小学、中学、大学等课程不一样，佛教的戒律当中，五戒是做人的根本，菩萨戒是实践"上弘下化"的菩萨道，八关斋戒则是提供在家信众学习体验出家生活的一种方便……

也有人问：佛教把"不喝酒"列为五戒的根本大戒之

一，喝酒有这么严重吗？这就说到佛陀所制订的戒，如果本质上是罪恶的行为，称为"性戒"，例如杀生、偷盗、邪淫、妄语等行为，无论佛教是否制戒，国家是否订法，在伦理的本质和秩序上，都为天理所不容，都是社会所公认的罪行，属于性戒。如果本质并非是罪恶的，只是容易产生讥嫌，或诱发其他本质上罪恶的行为，则称为"遮戒"。例如饮酒本身不是罪恶，但是饮酒容易失去理智，转而犯下杀、盗、淫、妄等恶行，因此列为四根本大戒之后。

遮戒又称"息世讥嫌戒"，简称为"讥嫌戒"，是属于佛制的轻罪戒，目的在于制止世间人对佛教无谓的诽谤，一般泛指"四重禁戒"以外的戒。所谓"四重禁戒"，就是杀生、偷盗、邪淫、妄语等性戒中罪特别重者，是为四重禁戒。

遮戒系佛陀因事、因地所制之戒，通常较性戒为轻，也就是一般社会不认为罪恶，但佛教为防止世人讥嫌，避免由此引发其他犯罪，故而制订此戒。除了饮酒戒以外，轻秤贩卖、掘地伤生等都属"遮戒"。此中尤以饮酒多有过失，能犯诸戒，所以佛陀特意遮止，令不毁犯，如此才能守护其他的律仪。

从"性、遮"这两种戒，可以看出佛陀制戒所考虑的层面十分圆融。尤其佛教的戒律并非只有消极的"遮止"，另外还有"开许"的一面，例如安住净戒律仪的菩萨，若是见有盗贼想要杀害众生，为了不忍此恶贼造作无间罪业，死后受大苦报，因此以慈愍心断彼性命，这就是"开杀戒"。

从大乘戒律"时开时遮"的积极利他性，可以看出佛教的戒律与世间的法律相比，虽有若干相似之处，例如：犯了刑法上的非告诉乃论，如杀人、伤害、偷盗、侵占、强暴、妨害家庭、造谣、诈欺、醉酒、贪污、贩毒，等等，都是触犯五戒的行为；法律的三读立法、三审定谳、判决确定，正如佛门的三番羯磨；在法律上犯罪行为人只要有悔意，即可酌情予以减刑，佛门则认为罪业透过诚心发露忏悔，便可以获得清净，更符合更生保护法。

不过，佛法与世法在精神、意义上，仍有很大的差异。例如，在法律上，犯意不一定有罪，犯刑才会定罪；在佛门则只要有了犯意，就属于犯戒。尤其佛教非常重视心意犯罪的轻重，所以每一条戒相之中都有开、遮、持、犯的分别，犯同一条戒，因为动机、方法、结果等的不同，导致犯罪的轻重与忏悔的方式也有所不同，所以佛教的戒律论刑更为彻底。

另一方面，有些行为从世俗法来看是恶事，可是从佛法上推敲却是善事，譬如杀生本来是犯罪的，但是为了救生而杀生，以杀生为救生，如佛陀在因地修行时便曾"杀一救百"，这就是菩萨的慈悲方便权智。这种本着大乘佛教慈悲愿行，以及活用戒法的精神而"时或开许，时或遮止"，正是大乘戒律的特征，也是人间佛教所强调的持戒的意义。而佛陀这种有"开"有"遮"的制戒精神，也可证明戒律并非不可改变，事实上是可以因时、因地、因人而有所不同的。例如，佛陀曾为了让阿那律尊者到南方调解纷争，因此规定比丘可以多拥有一件僧衣；也曾为了信徒供养阿难一个钵，而放宽"蓄钵"的规矩。可见在生活细节上的小小戒，即使在佛陀时代就已经"随遮随开"了。

可是时至今日，常有一些守旧人士以"佛已制戒，不可更改；佛未戒制，不可增加"为理由，阻碍佛教的创新发展，甚至因为对戒律问题的看法不同，坚持不同，而把佛教分裂了。

讲到这里，我一直很佩服百丈禅师"避开戒律，另订丛林清规"的智慧，因此我在开山之初，也恪遵佛制，根据六和敬、戒律和丛林清规，着手为佛光山订定各项组织章程，建立各种制度。例如人事管理订定："序列有等级、奖惩有制度、职务有调动"；以及"集体创作、制度领导、非佛不作、唯法所依"等寺务运作的准则。

另外，我为佛光山立下十二条门规："不违期剃染，不夜宿俗家，不共财往来，不染污僧伦，不私收徒众，不私蓄金钱，不私建道场，不私交信者，不私自募缘，不私自请托，不私置产业，不私造饮食。"作为徒众行事的依循，并且随着佛光山的发展陆续制订师姑制度、教士制度、员工制度、亲属制度，等等。

今年（2006年）值逢佛光山开山四十周年，我更把历年来订定的组织章程、制度办法、宗风思想，集结成为"佛光山徒众手册"，作为大家行事的轨则。内容包括：佛光山宗门清规、佛光山宗史、佛光山宗风，等等。

所谓"宗门清规"，主要为明订佛光山宗委会组织章程及各种办法，包括：剃度办法、入道办法、调职交接办法、升等考核办法、奖惩办法、申诉办法、请假办法、休假办法、留学办法、游学办法、进修办法、医疗办法、出国旅游办法、徒众回乡省亲暨家济办法、徒众亲属往生安葬暨佛事办法、车辆进出管理办法、文物联合采购办法、员工聘雇办法，等等。

有关"佛光宗风"则包括：

（一） 佛光山的宗风

1. 八宗兼弘，僧信共有。　　2. 集体创作，尊重包容。

3. 学行弘修，民主行事。　　4. 六和教团，四众平等。

5. 政教世法，和而不流。　　6. 传统现代，相互融和。

7. 国际交流，同体共生。　　8. 人间佛教，佛光净土。

（二） 佛光山的宗旨

1. 以文化弘扬佛法　　2. 以教育培养人才

3. 以慈善福利社会　　4. 以共修净化人心

（三） 佛光山的目标

弘扬人间佛教，开创佛光净土；

建设四众教团，促进普世和慈。

（四） 佛光山的性格

1. 人间的喜乐性格　　2. 大众的融和性格

3. 艺文的教化性格　　4. 菩萨的发心性格

5. 慈悲的根本性格　　6. 方便的行事性格

7. 国际的共尊性格　　8. 普世的平等性格

（五）　佛光人的精神
常住第一、自己第二；大众第一、自己第二；
信徒第一、自己第二；佛教第一、自己第二。

（六）　佛光人的理念
光荣归于佛陀、成就归于大众、
利益归于常住、功德归于檀那。

（七）　佛光人的工作信条
1. 给人信心　　2. 给人欢喜
3. 给人希望　　4. 给人方便

（八）　佛光道场发展方向
1. 传统与现代融和　　2. 僧众与信众共有
3. 行持与慧解并重　　4. 佛教与艺文合一

（九）　佛光山的成就
1. 建立现代教团：两序有级、僧信四众、事业基础、文化教育。

2. 发展国际佛教：佛光协会、跨国道场、国际会议、宗派交流。

3. 阐扬人间佛法：生活法语、人生礼仪、家庭佛法、社会应用。

4. 促进两岸交流：平等共尊、和平共荣、佛教为缘、融和为本。

（十）　佛光山对社会的贡献

改善社会风气，净化普世人心；
促进群我融和，建设和平世界。

（十一）　佛光山对佛教的影响

1. 从传统的佛教到现代的佛教
2. 从独居的佛教到大众的佛教
3. 从梵呗的佛教到歌咏的佛教
4. 从经忏的佛教到事业的佛教
5. 从地区的佛教到国际的佛教
6. 从散漫的佛教到制度的佛教
7. 从静态的佛教到动态的佛教
8. 从山林的佛教到社会的佛教
9. 从遁世的佛教到救世的佛教
10. 从唯僧的佛教到和信的佛教
11. 从弟子的佛教到讲师的佛教
12. 从寺院的佛教到会堂的佛教
13. 从宗派的佛教到尊重的佛教
14. 从行善的佛教到传教的佛教
15. 从法会的佛教到活动的佛教
16. 从老年的佛教到青年的佛教

（十二）　佛光山推动人间佛教的具体贡献

1. 世界佛教人口增加　　　2. 青年学佛风气日盛
3. 在家弟子弘扬佛法　　　4. 人间佛教获得认同
5. 传播媒体重视佛教　　　6. 佛教文物广泛流通
7. 佛教梵呗受到重视　　　8. 佛光人会蓬勃发展
9. 教育学界肯定佛教　　　10. 政党人物实践佛教
11. 演艺人员皈依佛教　　　12. 佛学会考成绩辉煌
13. 监狱弘法成效卓著　　　14. 种族融和促进和平
15. 南传尼众恢复教团　　　16. 人间福报净化社会
17. 佛教艺术普遍发展　　　18. 宗教对谈尊重包容
19. 佛教典籍流通世界　　　20. 各种讲习建立共识

　　以上只在说明，佛光山是个重视组织制度的道场，制度就是戒律，我因为从年轻时就意识到，佛教最大的弊端就是没有制度，像一盘散沙，各自为政。不但服装不统一，出家、剃度、传戒、教育等也都没有严密的制度，所以弊端丛生。例如，没有健全的剃度制度，于是就如印光法师说：滥收徒众、滥挂海单、滥传戒法，导致佛教的伦理纲纪荡然无存，师不像师，徒不似徒。尤其没有严密的制度，徒然养成一群寄佛偷生的狮子身上虫；因为缺乏完善的制度，寺产流为私有，甚至佛门净财为他所有，不能用于弘法利生的事业之上。因此我从开创佛光山以后，就一直很重视制度的建立。

　　制度好像阶梯一样，让我们能够拾级而上，循序以进；

唯有健全的制度，才能健全僧团，才能带动佛教的复兴。但是制度也必须"因时、因地、因人"而订，不能迂腐、守旧，所以对于佛教的戒律，我认为佛法真理不容更改，这是毫无疑义的。然而两千五百多年前从印度传来中国的佛法戒律，有一些显然已经不适应现代的社会需要，因此虽说根本戒可以保存，但对于一些"小小戒"，应该可以就时代需要，或者因为风俗、气候、地域等不同，加以弹性调整，而不是一味地墨守成规，就如"沙弥戒"如果不调整，也是滞碍难行。这是我们对佛教戒律应该重新正视的地方，我们唯有从积极面来认识佛法戒律，才不会辜负佛陀制戒的圆融与随机方便的精神。以下就进一步来探讨戒律的精神。

二、戒的精神——止恶行善，饶益有情

一般人提到佛教，总认为信仰佛教必须受戒，于是这也不行，那也不能，很不自由。其实，佛教的戒律，其根本精神是不侵犯；不侵犯而尊重别人，便能自由。譬如五戒中的不杀生，就是对别人的生命不侵犯；不偷盗，就是对别人的财产不侵犯；不邪淫，就是对别人的身体不侵犯；不妄语，就是对别人的名誉不侵犯；不饮酒，就是对自己的理智不伤害，进而不去侵犯别人。

不侵犯别人，进而尊重别人，则自他都能自由；反之，

凡是身陷牢狱失去自由的人，探究其原因，都是触犯了五戒。譬如：杀人、伤害、毁容，就是犯了杀生戒；贪污、侵占、窃盗、勒索、抢劫、绑票，就是犯了偷盗戒；强奸、拐骗、重婚、妨碍风化，就是犯了邪淫戒；毁谤、背信、伪证、恐吓，就是犯了妄语戒；贩毒、吸毒、运毒、吸食烟酒等，就是犯了饮酒戒。由于犯了五戒，于是身系囹圄，失去自由，所以受戒也是守法，受戒才能自由；不受戒而行非法，国法也不会放过他，甚至因果道德也会制裁他。因此不要以为受戒是增加束缚，其实能够受持五戒、真实认识五戒的人，才能享有真正的自由。

在佛教里，皈依三宝是学佛的入门，受持戒律是信仰的实践，佛教徒皈依三宝以后，都应该进一步发心受戒。受戒是一种发心，心一发，任何邪魔外道都会遁形，因为戒是一切善法的根本，如《大智度论》说："大恶病中，戒为良药；大恐怖中，戒为守护；死暗冥中，戒为明灯；于恶道中，戒为桥梁；死海水中，戒为大船。"能够受持清净戒，自有大力量、大功德。只不过我们对于戒的精神，应该要有正知正见，这比持戒更为重要。

关于"戒"，有几个观念必须厘清：

（一）**破戒与破见**：破戒是违犯戒法，是个人行为上的过失，可以忏悔纠正；破见是谬解真理，是根本思想上的错误。一个破见的人，在见解上无法再接受佛法真理，就永远与佛道无缘，因此破戒可以忏悔，破见不通忏悔。

所谓"破见"，例如有的人认为，受戒难免会犯戒，不受戒就不会有犯戒的担忧。事实上，受戒后纵使犯戒，因为有惭愧心，懂得忏悔，罪过比较小，还是有得度的机会；不受戒的人，犯了戒不知忏悔，不懂得改过，自然罪过加重，只有沉沦三途恶道。

因此，在佛教里，一个人破戒并非可耻，只要至诚忏悔，仍有重生的希望；而一个破见的人，则如病入膏肓，无药可救，就如同在政治上，思想犯的罪过比较严重。在佛教的戒律上，错误的思想见解，如"身见"、"边见"、"邪见"、"见取见"、"戒禁取见"等五种昧于因果的邪恶见解，都是烦恼的根源，也是障道的根本。所以一个修学佛法的人，首先要培养正知正见，须知受了戒，行为有了依循的标准，懂得自我约束，纵有所犯，也能忏悔，因此戒不可怕，有戒才和平，有戒才安全，有戒才有保障。

（二）止持与作持：佛教的戒律，不外"止持"与"作持"二门，举例说，七佛通戒偈中，"诸恶莫作"就是止持戒，"众善奉行"就是作持戒。也就是说，对于一些违法乱纪的坏事，你不去做，就是持戒；你违犯了，就是犯戒。相对的，对于一些有利于人的善事，你发心去做，就是持戒；你逃避不为，就是犯戒。由此可见佛教的戒律不仅只有消极地防非止恶，更要积极地奉行众善，因此除了消极止恶的七众别戒声闻戒以外，还有积极行善的菩萨三聚净戒。

三聚净戒是大乘菩萨戒的代表，包括：

1. 摄律仪戒，即遵守佛教制定之各种戒律，防止过恶。

2. 摄善法戒，即誓愿实践一切善法，以修习诸善为戒。

3. 摄众生戒，即发心教化众生，使得利益。

摄众生戒又称"饶益有情戒"，其饶益众生的方法，根据《菩萨地持经》卷四举出有十一种，即：

1. 众生所作饶益之事，悉与为伴。

2. 众生已病、未病等诸苦及看病者，悉与为伴。

3. 为诸众生说世间法、出世间法，或以方便令得智慧。

4. 知恩报恩。

5. 救护众生种种恐怖，开解诸难，使远离忧恼。

6. 见众生贫穷困乏，依其所需，悉能布施。

7. 德行具足，正受依止，如法蓄众。

8. 先语安慰，随时往返，施给饮食、说世之善语等，使众生安者皆悉随顺，不安者皆悉远离。

9. 对有实德者，称扬欢悦之。

10. 对犯过行恶者应以慈心予以呵责，使其悔改。

11. 以神通力示现恶道，令众生畏厌众恶，奉修佛法，欢喜信乐，生希有之心。

此"三聚净戒"说明，佛教的戒律不仅只消极地禁止做一切恶事（止持），更要积极地行一切善事（作持），也就是要净化自己，利益他人。因此有时当做而不为者，也是犯戒，这是佛教戒律既单纯又广大的不可思议之处，也是实践菩萨道的行者应该把握的戒的真正精神。

此外，佛教里有很多戒律，如"沙弥十戒"中的"不捉持金银戒"、"不故往歌舞观听"、"不非时食"、"不坐高广大床"等，依现在的社会形态来看，都很难清净受持。乃至日本佛教娶妻生子、寺庙传子，以及西藏的僧侣随缘食肉，甚至寺院使用皮制品的佛具与现代化用品，以及一些经常惹人争议的"素食荤名"等问题，我们又该如何看待它呢？

其实佛教的戒律，不必在形相上刻板地执著教条，应该重视的是戒的精神、意义以及人间性。例如，中国大乘佛教的"三坛大戒"，就很有人间佛教利济众生的精神。所谓"三坛"就是：初坛沙弥戒要守好"摄律仪戒"，二坛比丘戒要具备"摄善法戒"，三坛菩萨戒要有"饶益有情"的精神。因为"三聚净戒"具足，因此大乘佛教才得以由此展开，这就是人间佛教戒律的特色。

戒要能对人生、对未来有所增上，可惜南传佛教一向只受比丘戒，缺少菩萨饶益众生的人间性。加上过去佛教的戒律太看重消极的止恶，缺乏积极为善的精神，因此一讲到戒律，大都"不可这样，不可那样"，除了上述所举以外，其他如僧众不能布施财物给信众、在家众不能听比丘（尼）戒、比丘不可接近女众，等等。甚至受持五戒是人道的根本，然而过去一般人常依《梵网经》的戒条，如"以手触酒，五百世无手"来解释戒律，由于过分的威胁恐吓，反而失去说服力，只有使得有心学佛的人望而却步。尤其千百年来，为了一条"八敬法"，障碍了多少优秀的女众出家，所以我们今天需要的是"应该这样，应该那样"，因此我们应该将戒律规范人间化。

所谓人间化的戒律，一方面固然消极地规范身心，止恶息罪；一方面更应积极广修善行，广做善事，发挥菩萨戒服务奉献的精神，以期自利利他。因此，今日佛教界实在不宜再以佛世时的社会背景来要求现代人，因为佛陀虽如法律专家，他依当时印度的民情、风俗、文化等因缘制订各种戒律，但随着时移事异，很多戒律已不适合时代的演进。例如：

（一）偏袒右肩：印度属热带气候，此戒若是强要寒带地区的人遵守，不合情理。

（二）不捉持金银戒：过去印度不使用钱币，现代人出门在外，不管衣食住行，都离不开金钱。

（三）不与女人接触：过去佛陀为健全僧团，因此立下严峻戒律。但是现在是两性平权的时代，男女接触机会频繁，例如，开会时，先到先入座，乘车时，男女依序排队，都是很平常的事。因此，现代男女往来，只要能划清公私，不多做私密的一对一交往，平时正常社交往来，也是时代发展所趋。

（四）讥嫌戒：此戒有时行之过分，导致因为害怕被讥嫌，于是这也不行，那也不能。因为顾虑过多，而使佛法失去本来应有的担当，以及应有的积极利众行为，而使佛教弘化于现代失去了力量。

故此我们认为，制戒的原则要合情、合理，要尊重人情、人性。如前所说，当初百丈禅师避开戒律另订丛林清规；到了现代，人间佛教更因应时势所趋，主张凡传统戒律合乎时宜者尊重之，此外则另依现代社会所需而制订现代生活律仪，期能展现佛教的时代性，以更符合当初佛陀制戒的本意与精神。当然，我们也希望世界各地佛教对"戒律"的精神与本怀，要有透彻的认识，否则只知依佛世时一成不变的戒律，佛教的发展会受到限制。今后唯有彼此尊重各国的风俗、民情、社会习惯以达成共识，才能促进世界佛教的团结与发展。

总之，佛教的戒律讲究修身利人，所谓"人成即佛成"，戒律从外相的修持清净，到内心的不动念，层次有所不同。尤其随着时代的变迁，许多小小戒已不适用于各国不同的民情及现代时空，因此我们主张应以戒律"不侵犯"的根本精神推广五戒、菩萨戒，方能匡救当今道德沦丧、社会失序的时弊；唯有提倡戒律规范人间化、生活化、现代化，建立人间佛教受持菩萨道自利利他的戒行，以八正道、四摄六度为戒律的内容，才能饶益众生。所以，人间佛教主张，八正道才是戒律，六度万行才是戒律，四摄法门才是戒律；具有饶益有情的内容，才是真正的戒律。

三、戒的实践——服务奉献，自他两利

《华严经》说："戒为无上菩提本，长养一切诸善根。"戒律是佛法的生命，是诸佛化世的本源，佛说一切众生皆有佛性，然而佛性虽具，必须持戒，然后乃见。因此《佛遗教经》说："若人能持净戒，则能有善法；若无净戒，诸善功德皆不得生。"

持戒是修行一切善法的基础，也是一切修行的根本。戒不是用来"读诵"的，而是要去实践"奉行"。平时日常生活里，若能时时"做好事、说好话、存好心"，就是净化三业，就是在实践"七佛通戒"的"诸恶莫作，众善奉行，自净其意"了。甚至"待人好"，处处为人设想，凡事都能了解"因缘果报"的真理，这就是持戒。

此外，戒是要用来规范自己的，而不是拿来要求别人。戒律的精神在自发心的清净受持，在于实践菩萨道。菩萨道的精神就是发起"上弘下化"的菩提心，所以菩萨戒除了有防非止恶的"摄律仪戒"以外，更有勤修善法的"摄善法戒"，以及度化众生的"饶益有情戒"。因为菩萨发心是为广度众生，如果不发上弘下化的菩提心，便不能称为菩萨。因此菩萨戒虽有十重戒：杀、盗、淫、妄语、酤酒、说四众过、自赞毁他、悭惜加毁、嗔心不受悔、谤三宝，以及四十八轻戒等戒相，但是它的根本精神是发菩提心，以菩提心为戒体，如果忘失菩提心，也就违反菩萨戒的根本精神。

一般佛教徒，平时禅修、念佛，自我端正身心，工作之余则加入社区义工行列，服务人群，或是布施钱财，济困救急，乃至助印佛书、流通佛法，甚至参加佛教兴校办学等文化、教育事业，这就是在奉行"三聚净戒"，也就是在实践菩萨道。

其实，持戒就是一种"己所不欲，勿施于人"的慈悲心与菩萨道的具体表现。在中国，大部分的佛教徒都有吃素的习惯，有的人初一、十五持斋，有的人吃早斋，虽然不究竟，但每逢吃斋日就知道要吃素。吃素虽非佛教徒的专利，但是佛教的素食，主要是为了长养慈悲心，为了尊重生命，为了不杀生。人世间最残忍的事莫过于杀生，平时哪怕是一只蚂蚁、蟑螂或是苍蝇、蚊子等，都是一条命，它们也都懂得爱惜生命。但是一般人看到蚊蚁，常常一巴掌就把它打死，或是一脚便踩死它。其实，尽管蚊蝇虫蚁有时确实造成了生活上的不便，但是我们可以驱赶它，或是事先防范，而不能轻易就杀死它，因为罪不及死，一下子就要了它的命，这样的刑法未免太重了。

这个事例主要是说明，戒律的受持固然是基于信仰而来，但是根本还是出自不伤害生命、不侵犯他人的慈悲心。例如受持五戒，能予他人无畏施，因为我持戒清净，他人便毋须担心受到我的侵犯，所以"五戒"又称"五大施"。

五戒是佛教的根本大戒，佛教的戒律虽然有出家、在家的区别，但是一切戒律都是依据五戒为根本。受持五戒的人，不但能感得二十五名善神护佑等无尽的利益，而且是"自他两利"。例如：不杀生，则自增慈悲心，他不失命；不偷盗，则自不败德行，他不失财；不邪淫，则自家眷属和谐，他不失节；不妄语，则自己不损信用，他不毁誉；不饮酒，则自不伤智慧，他不受侵犯。

此外，不杀生而护生，自然能获得健康长寿；不偷盗而布施，自然能发财富贵；不邪淫而尊重他人的名节，自然家庭和谐美满；不妄语而赞叹他人，自然能获得善名美誉；不喝酒而远离毒品的诱惑，自然身体健康，智慧清明。所以，受持五戒现世可以免除苦恼、恐怖，可以获得身心的自由、平安、和谐、快乐；将来可以免堕三途恶道，得人天果报，乃至成佛。受持五戒，如同在福田里播种，纵使不求，自然有许多利益加身，自然享有无尽的功德善果。

一般人信仰佛教，莫不希求长寿、发财、名誉、家庭美满、子孙满堂，等等，如果舍弃了受持五戒而向诸佛菩萨祈求所愿，无因怎么会有果呢？因此受持五戒，从消极上看，好像是束缚；若从积极面来看，其实"持戒者，如暗遇明，贫人得宝"，实有无限的利益。

持戒的利益虽多，但是在现实生活里，有的人因为工作的关系，无法持守五戒，因而不敢学佛受戒。例如，开布店的人，经常遇到顾客上门买布，在看过布料后总会问道："你卖的布会褪色吗？"这时候如果照实说会褪色，生意必然做不成，因此有时候只好打方便妄语。也有农夫说：我们种田栽水果，为了收成好，不得不喷洒农药，驱杀害虫，如此怎敢受戒呢？

其实，受戒并不是要求完全不犯戒，因为在人间生活，要想持戒圆满并不容易。例如，住在海边的渔民以捕鱼为生，像这种从事不正业、不正命的人，能否学佛受戒？这个问题让我想起台湾地区的小琉球，在十几年前国际佛光会成立之初，岛上有个佛光分会。有一次我应邀前去跟他们座谈，会长提出一个问题，他说："我们这个岛上的居民，大部分是以捕鱼为业，这与佛教的'不杀生'是相抵触的，但是如果要大家不杀生，我们会连饭都没得吃，所以在这里要推动佛教很难。"

当时我回答他们说："佛教虽然讲不杀生，但还是有轻重之分。尤其杀生有'杀行'与'杀心'的分别。你们捕鱼，是为了维持生活，并没有杀的意念，就如同人死后举行火葬，一把火，不但把尸体上的寄生虫都烧死了，甚至连木材里的寄生虫也无法幸免。但是我们没有杀的意思，也就是没有杀心，如此纵有罪过也会比较轻，而且只要诚心忏悔，还是可以得救。"

我的意思是，佛教是以人为本的宗教，虽然主张对任何微弱细小的生命都要尊重，但是如前所说，我们每天其实总在无意之间伤害很多生命而不自知，例如呼吸时空气里没有微生物的生命吗？茶食之间没有微小的生物吗？甚至打针、吃药、开刀、火葬、土葬，难道没有伤害寄附吾人身上的生命吗？只是当下我们并没有"杀心"，因此吾人的修养，纵有杀生的行为，也不要有杀生的"心业"；纵有伤害物命的行为，更要对不慎杀害之生命生起惭愧之心，为之深深忏悔。这就是佛教戒律的根本精神。

佛教主张持戒，戒的根本精神是不侵犯，也就是尊重。不过一般说"受戒容易持戒难"，然而"难"并不代表"完全不能"，因为五戒可以全部受持，也可以随分受持。如《大智度论》说："戒有五种，始从不杀，乃至不饮酒。若受一戒是名一分，若受二、三戒是名少分，若受四戒是名多分，五戒是名满分。于此分中，欲受何分，常随意受之。"

由此可知，在家居士人人都可以就自己的情况，选择自己容易受持的一戒、二戒，乃至三戒、四戒，精进受持，渐渐达到五戒圆满。也就是说，即使从事不正业的人，一旦发心学佛，还是可以就自己的方便，先从少分戒受起，然后慢慢待机转业。只要有心，世间的职业千百种，这行不做可以做那行，不一定要以杀生为业，也不一定以伤害人体的业务作为自己的职业，换个工作，还是可以生存。

甚至，工作除了提供生活所需之外，也是奉献、服务、广结善缘的最好修行，因此不但要从事正当的职业，而且应该具备正确的观念，亦即所谓的职业道德。例如：

（一）要有因果的观念：不借公务之便而贪污诈欺、假公济私、收受贿赂、强取豪夺、威胁利诱等；凡有所得，悉数归公，一丝不苟。

（二）要有忍耐的力量：受责不抱怨，遇难不推诿，要任劳任怨，一切想当然尔。有了忍耐的力量，才能担当，才能负责。

（三）要有敬业的精神：在工作中，要认真负责，要乐在其中，遇事不推托，不以磨人为乐，要给人方便，给人服务，此即是敬业。

（四）要有感恩的美德：凡事感恩，感谢老板提供工作机会，感谢同事、部属协助我们工作等，有了感恩的心，不论多忙、多累，都会欢喜地去做。

因此，发心学佛以后，除了受持净戒外，更需进一步在日常生活中广修善业，并以"八正道"为生活的准绳。所谓"八正道"，即正当的见解、正当的思维、正当的语言、正当的职业、正当的生活、正当的禅定、正当的忆念、正当的努力。"八正道"是人间生活的依循，我曾据此为人间佛教写下"生活律仪百事"，今天借此机缘，提供给各方参考：

【人间佛教现代律仪】
（一）僧信共遵（八类共八十条）

1. 社会律仪十事（政治、军事、经济、职业、处世……）

（1）政治是一时的，信仰是永久的；信众可以参与宪法中的政治活动，僧众只可"问政"而"不干治"。

（2）从事政治者，不贪污舞弊，不假公济私，不借势磨人，不欺压善良，不两面人格、两种手段、挑拨离间，否则非为真正信者。

（3）凡参政信者，要热心公益，造福人群，上台、下台皆应随顺因缘，不可贿赂官职，不可买票贿选，不可散发黑函，不可攻讦对手，不可用不正当的非法手段求取当选。

（4）任公职者，应以服务人民为目的，不可官僚、霸道，刁难民众；民意代表于国家厅堂问政，应以理相争，不可咆哮、打闹取宠。

（5）无论僧信，不背叛国家、私通敌国、泄露国家机密、造谣生事，不陷国家于危机。

（6）经济生活要合于"正命"，不从事非法或杀生的职业，例如贩卖军火、毒品、人口、假药，或从事屠宰、私酿、淫业、无照行医、制造及贩卖黑心食品，等等。

（7）要遵守职业道德，依法行事，不伪造文书，不泄露、不盗取商业机密，不勾结黑金，不掏空资金，不恶性倒闭，不强占侵吞，不求一夕致富。

（8）经商营业，应该童叟无欺，将本求利，不囤积居奇，不垄断市场，不哄抬物价，不偷斤减两。

（9）远离勒索拐骗、仿冒盗版、伪造诈欺、色情泛滥、散播网络病毒、回收厨余再贩卖等种种不法之行为。

（10）处世要诚信，待人要和睦，不处心积虑算计别人，不因嫉妒而容不下别人，进而奉行"三好"运动，人人"做好事、说好话、存好心"，带动社会善良风气。

2. 居家律仪十事（衣食住行、伦理、亲子……）

（1）重视伦理，提倡孝道，居家和乐，上慈下孝，兄友弟恭，妯娌和睦，婆媳爱敬，即使至亲骨肉，也该相互尊重个人的生存权利。

（2）家中成员要主动从事家务，里外环境要打扫清洁，物品使用后随手归回原处，经常保持室内的空气流通、窗明几净、整齐明亮。

（3）个人生活崇尚简朴，养成清贫的思想，衣食住行等日常资用，但求朴素，不奢侈浪费，不追求时髦，不讲究或标榜名牌。

（4）尊重每一个家庭成员个体，尤其爱护老弱妇孺，避免家庭暴力或不伦诸事的发生。

（5）营造良好的居家品质，增加生活乐趣，提升精神层次。与社区、邻居要敦亲睦邻，守望相助；对独居长者要主动关怀、慰问。

（6）平时与家人谈话或观赏电视、影带，聆听音乐、手机等，应轻声细语，切勿妨碍邻居的安宁。

（7）休假时，应减少不必要的应酬，多陪伴家人共同参与有益身心的信仰活动，培养全家共同的休闲乐趣，如读书、下棋、运动。有事外出，要向家人说明去处及告知回家时间，以免家人挂心。

（8）客厅、厨房、浴厕等使用后，随手整理洁净，以方便他人使用。

（9）居家须注意火烛与门户安全，以免酿成意外灾害，自他受害。

（10）金钱的用度要有智慧，各种日常开支要有预算，如需借贷，应该酌量，即使好友，亦不宜共金钱往来，更不可经常在家呼朋作乐，以免干扰家人生活等。

3. 人事律仪十事（主雇、合伙、同事、朋友、亲属、士农工商之往来……）

（1）树立个人正直、勤劳、诚信、敦厚、善良、合群等良好形象，令人信赖。

（2）尊重别人隐私，不可窥人私密，不可揭人之短，不可搬弄是非。

（3）不可虐待劳工，不可剥削劳力，应该给予劳力公平合理的待遇。

（4）工作上应尊重制度，勤奋向上，乐观进取，培养责任感、荣誉心，尽量与人为善，尤其不以情绪做事，不轻言说"不"，以免阻碍学习、结缘的机会。

（5）发挥职业道德，不浪费公家所有，要保守公务和商业机密，不与不相干之人闲谈公务之事，尤其不可怨天尤人，发泄不满情绪。

（6）平常办公桌应收拾整洁，物品不可杂乱堆置，尤其要爱护公物，如护己有。

（7）接听公事电话要轻声，不可干扰别人的安宁；谈话须简明扼要，以免占线太久，妨碍他人使用。除非不得已，否则不宜滥用公家电话，作为私人之便；使用电脑，亦当如此。

（8）工作时，受了委屈不要生气，应做之事不可拖延，上级指示不应违逆，主动报告不可隐匿，敬业乐群而不偷懒、不懈怠、不孤僻、不怪异、不享特权、不投机取巧，进而思想要不断革新，道德要不时升华。

（9）主管应该爱护部属，要能倾听属下的意见，尤其要健全自己。如：包容的心胸、承担的勇气、决断的智慧、主动的精神、不看轻后学、不专权执著、不疑心猜忌、不争功诿过，凡事与属下共荣共享。

（10）共事相处时，要相互尊重，分工合作，彼此谦恭礼让，不制造事端，以责人之心责己，以恕己之心恕人。

4. 生活律仪十事（语言、行为、人际、旅行、会客……）

（1）养成读书习惯，建设书香人生。

（2）勇于戒除不当嗜好、不良习气。

（3）生活作息要正常，三餐起居要定时，不乱饮食，不乱看病。

（4）僧众晨间不得迟于六时起床，信众不得晚于七时起床。

（5）晚间十时以后，不打电话找人闲聊，也不宜洽谈公事。拨打越洋电话，应该注意时差。偶有特殊情况，自当例外。

（6）拜访友人要事先预约，并且准时到达，停留时间不宜太久。

（7）出众威仪要端庄，不要蓬头垢面、衣冠不整，尤其不可奔跑跳跃、嬉笑喧哗、争先恐后、争抢坐处，乃至遥相呼笑、比手画脚、私下耳语，或在众中以方言对谈等。

（8）讲话要简明扼要，措辞要文雅有礼，不说绮语，不可两舌、恶口，尤其说话不可坏人信心，否则断人慧命，也是如同杀生。

（9）出门行车，要遵守驾驶礼仪，守法忍让，不可违反交通规则，不得乱鸣喇叭，不要制造噪音，不排放废气污染，不胡乱飙车。

（10）出国旅游，应该吸收当地文化所长，同时注意参访礼貌、重视公共道德，不可破坏个人和国家的形象。

5. 自然律仪十事（环保、生态、宠物、放生……）

（1）不可滥垦滥伐、不得侵占国土、不要违章建筑。

（2）不可任意弃养宠物，不做不当的放生，应该积极护生，尤其给人因缘，放人生路，就是最好的护生。

（3）不虐待动物，不食保育动物，尤其不可活吃动物，例如活鱼数吃等，三餐尽量清淡，借以长养慈悲之心。

（4）不可滥杀、滥捕动物，例如电鱼、毒鱼等不当的捕杀，不但破坏生态，污染水质，而且危害人体健康。

（5）不穿皮革，不以动物皮毛为饰物，例如貂皮、虎皮、鳄鱼皮、孔雀羽毛、象牙等。

（6）爱护花草树木，不可随意采摘，进而要热心参与植树造林等绿化工作。

（7）实施垃圾分类，不乱丢废弃物，不任意燃烧有毒废料，不污染空气、不弄脏水源、不糟蹋大地，为普世人类留下干净美好的地球。

（8）日常资用，如水、电、衣食等，要节约用度，应知"滴水如金"、"一纸需费多少竹木"，所以要珍惜能源，不可恣意浪费；对于公共设施，亦应珍惜，不可任意破坏。

（9）惜福即自我环保，如惜人、惜缘、惜命、惜情、惜财、惜时、惜物、惜能等，养成"惜福"的习惯，才是富有的人生。

（10）对于内心的尘垢，应该努力消除、转化；对于外在的污染，要唤起群体意识，共同爱护环境。身心净化，才是自我的成就。

6. 国际律仪十事（种族、人权、生权、战争……）

（1）国家人民要和谐，不营私弄权，不党同伐异，不制造分裂内乱，不计较前仇旧恨。

（2）种族要平等，不可故意挑起族群对立，对少数民族要尊重，对弱势大众要爱护。

（3）人权应该受到尊重，举凡生存、参政、财产、自由、文化、智慧、信仰等，均应受到尊重与保障。

（4）大地众生皆有生存的权利，因为"众生皆有佛性"，一切众生都应享受同等的生存权，因此不但不可任意"杀生"，继而要"放生"、"护生"、"惜生"，以慈悲心怙护一切众生。

（5）战争是最不文明的行为，一场战争，多少妻离子散，多少生灵涂炭，多少财产损失，多少文化毁灭，所以凡人要养成和平的性格，国家和民族之间生命要同体共存。

（6）重视国际邦交友谊，促进国际经贸往来，举办国际会议交流，尊重国际种族通婚；"天涯若比邻"，这是现代人应有的胸怀。

（7）提倡国际之间语言要沟通、文化要交流、种族要平等、经济要互助、物质要互通。四海之内，如兄如弟，大家要做"地球人"。

（8）国与国之间要提供移民、开放观光，对于国际人士进出海关受检时，应该给予尊重；旅客也应配合、接受当地的出入境办法规范。

（9）国际间遇有重大灾难，应该本着人道精神，迅速提供救援，彼此相互帮助，要有"人饥己饥，人溺己溺"之"共生共荣"的关怀。

（10）凡是正信宗教之间，应该互相尊重包容，各自的教主不同，彼此要尊重，不可混淆；教义各有所宗，应该各自发挥，彼此"同中存异、异中求同"；教徒之间则可以彼此沟通往来，增进友谊。

7. 教育律仪十事（学习、服务、技能进修、尊师重道……）

（1）家庭教育：父母对子女要照顾其生活，负起养育之责，同时应该给予善良的教育，包括语言、思想、行为、道德、人格等，都要有所规范，从小要养成良好的习惯，例如：生活作息规律、行为情绪正常、待人谦虚有礼、不看不正当的书刊、不沉迷网络、电视等，进而要经常进出图书馆，多看好书。

（2）学校教育：除了重视知识的传授，广学多闻，尤应重视人文思想的提升，道德人格的健全，以培养身心均衡发展的下一代。

（3）社会教育：人要学习各种谋生技能，一生至少要拥有三张执照，例如，檀讲师、教师、医生、护士、会计、驾驶、厨师、水电、缝纫、室内设计、农耕、园艺、书画、编辑，等等。

（4）终身教育：学习是一生的事，所谓"活到老，学到老"，要永续学习。学习最重要的是——学习服务，学习奉献，学习利人，学习尊重异己，学习共生和谐。

（5）生活教育：生活要有规律，不得浪荡嫖赌，不得吸毒烟酒，要注重运动保健，要守时、守信、守道、守法。

（6）知识教育：普通常识，地理历史，都要涉猎，尤其有关人文知识等，要事事关心，处处用心，变化气质，开拓心胸，扩大视野。

（7）思想教育：思想要纯正，见解要正确，学习吃亏忍耐，经常忏悔改过，不断进步新生。

（8）人格教育：以慈悲人格为学习目标，以诸佛菩萨为效法榜样，以戒定慧为求道根本，以智仁勇为做人方针，心中要建立"圣贤偶像"的观念。

（9）道德教育：凡儒家的四维八德，道家的清静无为，佛教的五戒十善、四无量心、六波罗蜜等，都应该学习、实践。

（10）全人教育：要能自觉，要能明理，要有自动自发的自我学习精神，要自我突破，要能如禅师们不断"提起疑情"、"参究话头"，更要明白自己何去何从。

8. 信仰律仪十事

（1）僧信之间不应金钱往来，不可互相借贷，以免纠葛不清，破坏道谊。

（2）信众与僧众往来，应建立正确知见，如：僧事僧决、不任意留宿溜单僧侣，以免破和合僧，违犯五逆之罪。如果护持违反清规、背叛师门之僧侣，亦视同犯戒。

（3）佛光会员遇有纠纷，应依国际佛光会所订之"七灭诤法"处理之。

（4）每日早晚定课，自我精进；每周放香一日，或闭关半日，自我修持。

（5）每日诵读一篇《佛光祈愿文》，自我发愿；每日皈依三宝，自我提升。

（6）正信因果业报，正见无常苦空，明白缘起真理，奉行八种正道。

（7）人间佛教生活佛法化，生活中要有信仰，举凡婚丧喜庆、房子乔迁等，应以佛教仪式行之，不铺张浪费、不迷信执著看风水、时辰，应知只要心好，则日日是好日，处处是好地。

（8）人生应该及早规划修道生活，如参加三皈五戒、八关斋戒、短期出家、游学参访等，或投入义工服务的行列。

（9）聚会应酬时，应表明自己是佛教徒，不劝酒、不酗酒；不便时，至少也应做到以茶代酒（不醉酒为原则）。

（10）布施时，应该量力随喜，要做到不自恼、不自苦、不懊悔的布施，并且应该选择从事教育、文化、慈善、修持等对举世有贡献的正信道场，作为种植福田的准则。

（二）僧众应行（二十条）

1.奉行四根本戒：不杀生而护生，不偷盗而布施，不淫欲而尊重，不妄语而诚实；应以"饶益有情"作为终生奉行之规范。

2. 不可寄佛偷生，要发心普度众生；俗情宜平淡，应将身心安住在慈悲、菩提、自在解脱之上。

3. 要坚定"四不坏信"，不信邪教，不看邪书，不和邪人来往，不参与邪事活动。

4. 要做一个有道气的出家人，例如：去傲慢、受委屈；勤作务、惜福报；有悲愿、爱佛教；要净信、真修行；改习气、养威仪；除嫉妒、宽心量；避讥嫌、远世俗；勤学习、为度众；应节俭、要知足；有自制、不放逸；不争论、无怨恨；淡亲情、求内证。

5. 求道要有"十无思想"：无财之富、无求之有、无缘之慈、无欲之乐、无住之家、无安之处、无人之众、无悔之心、无聪之慧、无功之事。

6. 不私交信者，平等慈视众生；不私自向信徒化缘，不做个人请托。乃至不私蓄金钱、不私建道场、不私置产业、不私收徒众、不私造饮食、不共财往来、不夜宿俗家、不违期剃染、不染污僧伦，等等。

7. 遵守佛光人的行事规范："集体创作，制度领导；非佛不作，唯法所依。"不可发展个人，要有佛光人人间佛教的精神："光荣归于佛陀、成就归于大众、利益归于常住、功德归于檀那。"

8. 要用平常心接受调职、评鉴、奖惩、考核，并且时时奉行"佛教第一、自己第二；常住第一、自己第二；大众第一、自己第二；信施第一、自己第二"。

9. 对人要慈悲，要给人信心、给人欢喜、给人希望、给人服务，但不可过于情绪护短，私交关怀。

10. 不可滥用义工，不可随意支使信徒；对义工要尊重、教育、提升，并给予未来发展的机会。

11. 性格要和悦，不可以离开大众，不可以独来独往，不可以攀附权贵，不可以"一对一"进出，或只与少数一二人来往；僧团即是团体生活，僧众至少要三人以上，彼此和合无诤，才是"僧伽"之意。

12. 有意攻读世俗学位者，可以申请，但必须经过常住有关单位评鉴，不得假借读书之名，失去僧伽人格。

13. 不以经忏为满足，弘法宜以教师、护士、幼教、音乐师、美术师、语文师、文教、行政、讲说、编辑、写作、慈善、禅修、净念等方便教化为方向。

14. 行事要谦虚、低调，不以"我是师父"自居、自傲，不责骂信徒，不怨怪前辈，不因信徒崇拜、尊重、供养而自我膨胀，失去立场。

15. 心量要宽大、人格要崇高、知识要丰富、道心要坚定，要把狭隘的感情扩大、超越、升华为爱读书、爱服务、爱修行、爱大众、爱常住、爱佛教、爱弘法。

16. 要有修道人的气度与涵养，不可说话粗鲁、尖锐，不可行事急躁、傲慢，坏人信心。少说无益的话，多提起正念，同道或僧信之间，不谈说或抱怨僧团之事。

17. 行事、处世不以一己之爱好喜恶为标准，不可陷常住于不义，要有与佛教、与常住同体的观念。

18. 宁可以苦恼、惭愧、庸碌，但不可以耍小聪明，自以为是，抬高自我，伤害常住，亵渎圣教。

19. 要勤劳于各种作务，锻炼坚强的意志；要有"弘法为家务，利生为事业"的发心，不以闲暇为满足。

20. 不与被常住革除僧籍的叛道者来往，否则于己于彼，皆为不利。

此外，有一次我在佛光山男众学部与学生座谈时，忽然有感于人生处世，不可能单独生存，必须过群我的社会生活。尤其学佛更要注意人际之间的共处，因为"佛法在众生身上求"、"佛法在恭敬中求"，每个人都不能忽视周遭成就我们的大众。所谓"宽可以容人，厚可以载物"，我们在社会上立身处世，要想赢得别人的尊重，受到别人的欢迎，不能不先把自己修养好。由于当时有感而发，因此写下"人生二十最"，希望作为佛教徒修身养性的座右铭。现在也一并列出，提供大众参考：

【人生二十最】

1. 人生最大的敌人是自己。

2. 人生最大的毛病是自私。

3. 人生最大的悲哀是无知。

4. 人生最大的错误是邪见。

5. 人生最大的失败是憍慢。

6. 人生最大的烦恼是欲望。

7. 人生最大的无明是怨尤。

8. 人生最大的忧虑是生死。

9. 人生最大的过失是侵犯。

10. 人生最大的困扰是是非。

11. 人生最大的美德是慈悲。

12. 人生最大的勇气是认错。

13. 人生最大的收获是满足。

14. 人生最大的能源是信仰。

15. 人生最大的拥有是感恩。

16. 人生最大的修养是宽容。

17. 人生最大的本钱是尊严。

18. 人生最大的欢喜是法乐。

19. 人生最大的希望是平安。

20. 人生最大的发心是利众。

"人生二十最"虽然是一种道德的劝说，实际上也就是人间佛教的戒条，如果做不到的话，就不是正信佛教徒。

所谓正信佛教徒，并不是每天诵多少经、念多少佛，重要的是能够在生活里，时时奉行佛法，用佛法来规范自我的身心行仪，进而利益他人，以此作为自己的日课修行，当成自己的密行修持。

密行是增进品行、圆满道德的不二法门。我曾在《佛光教科书》写过"密行百事"，以下列出，作为佛教徒修行的参考。

【密行百事】

（一）"做人密行"二十五事

1. 忍一句，耐一时，退一步，饶一着，是为做人的密行。

2. 你大我小，你有我无，你对我错，你好我坏，是为做人的密行。

3. 每日小额布施，持之以恒，反馈社会，是为做人的密行。

4. 功成不居，光荣成就归于大众，是为做人的密行。

5. 随喜随缘，帮助他人，是为做人的密行。

6. 口说赞美，给人信心、欢喜，是为做人的密行。

7. 对国家，作不请之友，是为做人的密行。

8. 对朋友，应不念旧恶，是为做人的密行。

9. 对自己，要不忘初心，是为做人的密行。

10. 对社会，能不变随缘，是为做人的密行。

11. 不比较、不计较，是为做人的密行。

12. 见人要微笑，处事有礼貌，是为做人的密行。

13. 吃亏不要紧，待人要厚道，是为做人的密行。

14. 遭恶骂时默而不报，遇打击时心能平静，是为做人的密行。

15. 受嫉恨时以慈对待，有毁谤时感念其德，是为做人的密行。

16. 不为讨便宜而侵犯别人，是为做人的密行。

17. 不为逞己快而讽刺别人，是为做人的密行。

18. 不为忌彼好而打击别人，是为做人的密行。

19. 以责人之心责己，以恕己之心恕人，是为做人的密行。

20. 广结善缘，从善如流，是为做人的密行。

21. 不为护私欲而伤害别人，是为做人的密行。

22. 放下执著，谦虚受教，是为做人的密行。

23. 诚信待人，不求回报，是为做人的密行。

24. 关怀邻里，参与义工，是为做人的密行。

25. 受人之托，忠人之事，是为做人的密行。

（二）"生活密行"二十五事

1. 吃饭三称念、五观想，是为生活的密行。

2. 起居作息，生活规律，是为生活的密行。

3. 爱护花草树木，为其浇水修剪，是为生活的密行。

4. 动作轻声，不扰人安宁，是为生活的密行。

5. 行立坐卧，威仪端正，是为生活的密行。

6. 远离烟酒色情，生活自治自律，是为生活的密行。

7. 行车礼让，关心行人安全，是为生活的密行。

8. 每月至少闭关一日，修持佛法，是为生活的密行。

9. 每日做一件令人感动的事，是为生活的密行。

10. 每日帮人做一些好事，不求回报，是为生活的密行。

11. 睡前诵念忏悔文，反省一日过失，是为生活的密行。

12. 每星期至少参与大众共修一支香，是为生活的密行。

13. 学习接受，凡事忍耐，是为生活的密行。

14. 每日将欢喜慈悲与人分享，是为生活的密行。

15. 惜福节俭，不乱买，不滥买，是为生活的密行。

16. 多一次素食，就多一次生活的密行。

17. 欢喜时不多言，生气时不迁怒，是为生活的密行。

18. 每星期至少一小时为社区服务，是为生活的密行。

19. 依戒生活，密护根门，是为生活的密行。

20. 饮食节量，知足淡泊，是为生活的密行。

21. 身体病痛不怨天尤人，是为生活的密行。

22. 改心、换性、回头、转身，是为生活的密行。

23. 欲望、情爱、工作，只要正正当当，是为生活的密行。

24. 不传播是非，不将忧苦带给别人，是为生活的密行。

25. 随遇而安，随缘生活，随心自在，随喜而作，是为生活的密行。

（三）"处世密行"二十五事

1. 和合他人，和谐大众，是为处世的密行。

2. 体贴他人，人我圆融，是为处世的密行。

3. 恒顺他人，重视民意，是为处世的密行。

4. 迁就他人善事，达成共识，是为处世的密行。

5. 提拔年轻初学，给予教导，是为处世的密行。

6. 遇到明师要亲近随侍，不可违逆，是为处世的密行。

7. 遇到贤人要虚心学习，是为处世的密行。

8. 侍奉父母亲翁，要承顺孝养，是为处世的密行。

9. 对待主管要忠诚不二，是为处世的密行。

10. 见人危急，要勇于搭救，是为处世的密行。

11. 随力、随分、随喜、随缘布施培福，是为处世的密行。

12. 明因识果，是为处世的密行。

13. 用理智净化感情，用慈悲升华感情，是为处世的密行。

14. 用理法规范感情，用道德引导感情，是为处世的密行。

15. 摄心正念，是为处世的密行。

16. 不隐藏，不申辩自己的过失，是为处世的密行。

17. 不理是非，不听是非，是为处世的密行。

18. 谨言慎行，是为处世的密行。

19. 防非止恶，是为处世的密行。

20. 见面三句话，相逢应问好，是为处世的密行。

21. 交谈要微笑，口角一回合，是为处世的密行。

22. 自己无理，别人都对，是为处世的密行。

23. 器官捐赠，遗爱人间，是为处世的密行。

24. 不猜疑人，不嫉妒人，是为处世的密行。

25. 惭愧有所不知、不能、不净、不善，是为处世的密行。

（四）"修行密行"二十五事

1. 早上静坐一炷香，让思虑清明，是为修行的密行。

2. 每日读藏经一卷，增加闻思慧，是为修行的密行。

3. 每日清晨诵念祈愿文，增加慈悲心，是为修行的密行。

4. 不论身在何处，常为受灾难的人祈福，是为修行的密行。

5. 于诸佛法，勤修不退，是为修行的密行。

6. 于诸戒律，决定不犯，是为修行的密行。

7. 心无乱想，正慧明了，是为修行的密行。

8. 身无邪行，口无恶说，是为修行的密行。

9. 知足淡泊，志乐寂静，是为修行的密行。

10. 不爱喧哗，简朴惜福，是为修行的密行。

11. 一切无求，矢志精进，是为修行的密行。

12. 专心定慧，心不谄曲，是为修行的密行。

13. 不称己善，不宣人过，是为修行的密行。

14. 谦虚受学，恒行直心，是为修行的密行。

15. 他物不贪，自财不吝，是为修行的密行。

16. 慈悲喜舍，与人为善，是为修行的密行。

17. 深信正法，恒思诸善，是为修行的密行。

18. 不生骄慢，谦恭有礼，是为修行的密行。

19. 怨亲平等，不生憎爱，是为修行的密行。

20. 敬爱含识，如己无异，是为修行的密行。

21. 明理客观，不执己见，是为修行的密行。

22. 常怀慈悯，随缘不变，是为修行的密行。

23. 禅观行道，不着空有，是为修行的密行。

24. 自心是佛，直下承担，是为修行的密行。

25. 发菩提心，行菩萨道，是为修行的密行。

"密行百事"是记录善恶功过的对照表，是端正言行的一面明镜，是洗涤业障烦恼的法水，是治疗身心病痛的良药，是指点光明前途的老师。密行是三轮体空的无相布施，是人间佛教行者应该持守的生活律仪，懂得实践密行，生活就能得到净化、升华。

　　总之，能将佛法糅合在现实生活里，于平时待人处事、人我互动往来中，懂得克己复礼，自我修心养性，一切行事如法如仪，对人尊重包容、不侵犯他人，这就是"止持"戒律；若能进一步给人信心、给人欢喜、给人帮助、给人利益，这就是"作持"，这也是真正奉行"人间佛教戒学"的最佳典范。

四、戒的终极——人格完成，菩提圆满

　　自古以来，世间伟大人格的养成，大多是在宗教中完成。甚至各种艺术、戏剧、文艺创作，也都因宗教而登峰造极。可以说，宗教辉煌了人类的文明史，也提升了人类的素质。而宗教之所以能够全方位地培养人格，高贵心灵，就在于戒律的制订与持守。

　　世界上各个宗教的信徒，都有其应持的戒律。佛教的戒律讲究修身做人，所谓"仰止唯佛陀，完成在人格"，佛教认为把人做好，修身完成，才能进一步开发内心的光明智慧，悟证最高的真理。因此，一个佛教徒皈依三宝以后，都应该进一步求受净戒，因为戒是学佛做人的根本：

戒如良师，能够指引我们的人生方向；

戒如轨道，能够规范我们的身心行止；

戒如城墙，能够帮助我们抵御五欲六尘盗贼的侵袭；

戒如水囊，能够涤去我们的尘垢热恼；

戒如明灯，能够照亮我们的前途光明；

戒如宝剑，能够断除我们的贪心欲念；

戒如璎珞，能够庄严我们的道德人格；

戒如船筏，能够度脱我们到达涅槃的彼岸。

戒律的精神，在于慈心不犯，当初释迦牟尼佛因地修行时"割肉喂鹰、舍身饲虎"，就是坚守净戒、慈悲护生的精神体现。此外，小沙弥"宁持戒而舍生命，不破戒法而苟活"、僧群法师"宁渴而死，不赶折翅鸭子"、智舜禅师"割耳救雉"，乃至古人"爱鼠常留饭，怜蛾不点灯"，甚至现代佛光会员守法、守戒、守时、守信的典范，在在都散发出戒德的芬芳。

佛教的戒律，像青莲花一般芬芳，而戒行清净的人，一切的行止都合乎戒规，戒香芳馨遍世间，名闻满十方。如《戒香经》说："世间所有诸花果，乃至沈檀龙麝香，如是等香非遍闻，唯闻戒香遍一切。"

在佛教里，佛陀是戒行最严谨清净的觉者，他不仅自持严格，并且制订五戒、菩萨戒等许多戒法来摄化弟子们的身心。例如十大弟子之一的优婆离，就是以"持戒第一"而闻名，乃至开创南山律宗的道宣大师，也以持戒精勤而被誉为"戒香芬洁，定水澄奇"。

佛教的戒律当中，五戒与儒家的五常有相通之处。五常就是仁、义、礼、智、信，若以五戒配五常，即：不杀生曰仁，不偷盗曰义，不邪淫曰礼，不妄语曰信，不吸毒曰智。在佛教的道德标准里，以五戒十善的规范，健全人格；以圣贤济世利人的胸怀，升华道德；以菩萨般若空慧的真理，明心见性。因此，举凡出于利众的悲心，且不违背世间礼法和菩萨饶益有情的大乘精神，都是我们完成人格，圆满菩提的资粮。例如：布施结缘、不念旧恶、惭愧美德、守护六根、不请之友、权巧方便、利乐有情、普同供养、四恩总报、弘法利生、尊重包容、心意柔和、爱语赞叹、守护正念，不做焦芽败种，等等，都是具足佛教善美净戒的道德标准。此外，学习佛菩萨的大慈、大悲、大智、大愿、大行，发菩提心，不舍弃五逆十恶众生的救度，这就是佛教最究竟圆满的道德，也是我们应该奉行的菩萨戒法。

由于佛教的戒律是发自内心的自我要求，属于自律。因为是自发性的遵守戒规，乃至自发性的发露忏悔，因此能从心灵的净化，进而升华道德人格。所以一个国家如果人人都能守戒，则家庭就有规范，社会也有法制。

诚如孙中山先生说："佛教为哲学之母，救世之仁；研究佛学可以补科学之偏。"佛学不仅可补科学之偏，还可补法律之不足；法律制裁于已然，佛法防患于未然。一个国家，只要上游的河流清澈，下游自然不会受污染；佛教从事社会教化，正是做着净化上游的工作。因此，面对当前社会乱象丛生，有人忧心之余主张"乱世用重典"。其实法律的制裁虽能恫吓于一时，却不能杜绝犯罪于永远；唯有持守佛教的戒律，体现慈心不犯、以法摄众、以律自制、因果不爽、忏悔清净等教义，才能确实改善社会风气，这也是人间佛教责无旁贷的使命。

正是有鉴于人间佛教不能不关心社会问题，因此国际佛光会自一九九二年成立后，即与佛光山发起一系列净化人心的"人间佛教运动"，包括"慈悲爱心人"、"七诫运动"、"三好运动"、"把心找回来"，等等，透过活动传播佛法来改善社会风气，净化世道人心，同时也让佛光会员借着参与"净化人心、佛化世间"的活动，以实践利济群生的菩萨道作为自己"完成人格，圆满菩提"的修行。

每次活动，我都亲自撰写活动的宗旨、精神，以及提供会员实践的一些生活性佛法。多年来已经和我在佛光会创会之初写下的"佛光会员四句偈"、"七灭诤法"、"会员信条"，以及前年所作，专供僧信二众修行自勉之用的"人生百事"等，成为佛光人共同持守的"人间佛教现代律仪"。以下一一列举，提供参考：

【人间佛教社会运动】

(一) 七诫运动

内容：1. 诫烟毒、2. 诫色情、3. 诫暴力、4. 诫偷盗、

5. 诫赌博、6. 诫酗酒、7. 诫恶口。

意义：佛光会为了净化人心，建立祥和社会、杜绝毒品泛滥、敦厚伦理道德、创造全民安和乐利的生活，特别举办"净化人心七诫运动"。此运动是没有期限的"扫毒净心"救国救民运动，如果违犯此七诫者，非正信佛教徒。

(二) 三好运动

内容：做好事、说好话、存好心。

意义：佛教讲"三业"，就是指身、口、意三者。三业有善业、恶业，三业净化，自然身行善事，口出善言，心存善念，如此人生必然前途光明，所以人间最美是三好。佛光会为了让会员净化身、口、意三业，特别提倡"三好运动"，即"做好事"——把侵犯伤害的恶行，换成利益大众的佛行；"说好话"——把嗔恨嫉妒的恶口，换成柔软赞叹的佛口；"存好心"——把愚痴的邪心，换成慈悲智慧的佛心，以期体现人生福慧圆融的美好境界。

(三) 把心找回来运动

内容：爱惜生命，惭愧感恩；自然保育，节约惜福；
　　　知足不贪，拥有圣财；找回真心，无限美好。

意义：佛经讲，人的身体就如一座村庄，住有眼、耳、鼻、舌、身、心。心是主宰，掌控着五根的活动，心能安住，身才能安宁。佛光会为了让社会大众"把心找回来"，特别举办一系列活动，呼吁大家要尊重生命、关爱社会，尤其每个佛光会员都应找回自性中的慈悲心、感恩心、惭愧心、菩提心，以实践"自利利他"的菩萨道为修行，这就是奉行"作持"戒。

（四）慈悲爱心人运动

内容：慈悲爱心，走上街头；救心救国，全民运动；

去除十恶，修身齐家；日行一善，共成净土。

意义：国际佛光会为使人人"心灵净化、道德重整、找回良知、安定社会"，特别发起"慈悲爱心列车"活动，所有佛光会员都是当然的"慈悲爱心人"，大家深入大街小巷，路边广场，甚至以街坊邻居为对象，不断散播慈悲、爱心的种子，唤起人人"日行一善，多讲好话，多做好事"，期能为我们的子孙留下人间净土，共创"祥和欢喜"的社会，同享"圆满自在"的人生。

活动倡导的内容以效法过去菩萨精神的"五十三参行事"为准则，所以下列的"现代善知识五十三参"，已成为慈悲爱心人的传家之宝。

【附录】现代善知识五十三参（国际佛光会——慈悲爱心人传家之宝）

1. 诸恶莫作，众善奉行。

2. 他人老大，自己老二。

3. 责己要严，待人要宽。

4. 邻里和睦，处处净土。

5. 慈心愿心，走进社会。

6. 红灯不闯，行车礼让。

7. 不急不急，礼让第一。

8. 悲天悯人，谨言慎行。

9. 慈悲喜舍，人间至富。

10. 饮水思源，感恩惜情。

11. 以和为贵，皆大欢喜。

12. 嫉恶似仇，从善如流。

13. 与人为善，心甘情愿。

14. 诚心说话，耐心听话。

15. 将心比心，大家更亲。

16. 守分守时，宁早不迟。

17. 师不可慢，亲不可逆。

18. 谦虚有礼，皆大欢喜。

19. 拾金不昧，俯仰无愧。

20. 不疑不嫉，无忧无虑。

21. 开车不喝酒，喝酒不开车。

22. 好友不劝酒，劝酒非好友。

23. 烦恼不上床，心宽福寿长。

24. 包容无心过，积福远灾祸。

25. 每日捐十元，行善又结缘。

26. 见面多微笑，烦恼都抛掉。

27. 好话是供养，赞美出妙香。

28. 器官要捐赠，大爱留人间。

29. 慈悲不暴戾，喜舍不贪取。

30. 出门说地方，亲人心不慌。

31. 万恶淫为首，百善孝为先。

32. 有礼不乱淫，有信不诈欺。

33. 酒色不沉迷，盗赌不流连。

34. 处处做好事，时时做好人。

35. 不说是非话，不听是非事。

36. 做人要认真，大家要共生。

37. 欢喜结人缘，融和无怨言。

38. 关怀残疾苦，才是大丈夫。

39. 大家来环保，污染自然少。

40. 垃圾随便丢，做人真害羞。

41. 身安茅屋稳，知足天地宽。

42. 人人做义工，家家会兴隆。

43. 宽恕是良药，施舍会快乐。

44. 帮助受刑人，行义又行仁。

45. 凡事莫慌张，多为别人想。

46. 常常买好书，天天看好书。

47. 用心要慈悲，行事要方便。

48. 人人有爱心，社会多温馨。

49. 视贫病如亲人，视幼弱如子女。

50. 你微笑，我微笑，大家心情好。

51. 你客气，我客气，大家都和气。

52. 你说好，我说好，气氛就会好。

53. 你让步，我让步，条条是大路。

【佛光会员四句偈】

内容：慈悲喜舍遍法界，惜福结缘利人天；

禅净戒行平等忍，惭愧感恩大愿心。

意义：自从国际佛光会成立以来，所有佛光会员每日三餐、早晚课诵回向时，都要唱念"佛光会员四句偈"。此四句偈的内容具足一切佛法，包括：首先要发慈悲喜舍四无量心，再以惜福结缘来广利人天；日常不管修学禅、净、律等任何宗派的法门，都要有平等心与忍的智慧，同时要心存惭愧感恩，不断发大愿心来完成佛道，这是佛光人不可少的修行。

【七灭净法】

内容：

1. 双方各说一次，纠纷由上级教会或大德裁决。

2. 若有人举过，自说有无，只要对三宝、良知负责。

3. 言行不正，精神异常，待其正心，着令佛前忏悔。

4. 犯者自我发露表白，向当事者或本师表达忏悔。

5. 犯者不服其过，亦无悔意，言行矛盾，令停与会乃至终身不得受奖及名位等职。

6. 彼此互相争论，是非难断，在有德高僧五至七人前，以多数决其是非，如再不服，永摈会外。

7. 双方互道其错，互为作礼，即视其恢复清净。

意义：现在举世之间，到处充满纷争、不平。佛光会员因为有佛法的指导，大家相处比较和谐、融洽。但在人间生活，有人的地方难免就有是非，因此在佛光会成立之初，我就订下"七灭净法"，作为会员之间解决纠纷的准则。若有会员不奉行此"七灭净法"者，即非正信佛教徒。

【国际佛光会创会宗旨与精神内涵】

（一）佛光会创会宗旨

秉承佛陀教法，虔诚恭敬三宝；弘法利生，觉世牖民。

倡导生活佛教，建设佛光净土；落实人间，慈悲济世。

恪遵佛法仪制，融和五乘佛法；修持三学，圆满人格。

发挥国际性格，从事文化教育；扩大心胸，重视群我。

（二）佛光会员信条

我们礼敬常住三宝，正法永存佛光普照。

我们信仰人间佛教，生活美满家庭幸福。

我们实践生活修行，随时随地心存恭敬。

我们奉行慈悲喜舍，日日行善端正身心。

我们尊重会员大众，来时欢迎去时相送。

我们具有正知正见，发掘自我般若本性。

我们现证法喜安乐，永断烦恼远离无明。

我们发愿普度众生，人间净土佛国现前。

（三）佛光会员的性格

国际佛光会具足信仰的根性

国际佛光会具足普及的特性

国际佛光会具足现代的适性

国际佛光会具足国际的广性

（四）佛光会的意义

佛光会是一个主张慈悲包容的社团

佛光会是一个倡导众生平等的社团

佛光会是一个尊重家庭生活的社团

佛光会是一个重视社会福祉的社团

（五）佛光会员的使命

以世界观弘扬佛法

以人间性落实生活

以慈悲心普利群生

以正觉智辨别邪正

（六）佛光会员的目的

提倡人间佛教

建设佛光净土

净化世道人心

实现世界和平

（七）佛光会员的展望

为自己留下信仰

为家庭留下贡献

为社会留下慈悲

为生命留下历史

为道场留下功德

为众生留下善缘

为未来留下愿心

为世界留下光明

（八）佛光会员的胸怀

人在山林，心怀社会。

立足本土，放眼世界。

身居道场，普利大众。

天堂虽好，人间为要。

法界无边，家庭第一。

今日一会，无限永恒。

（九）佛光会员的任务

鼓励研究佛学

护持文教事业

举办社会服务

发展佛教教育

推动国际弘法

建设人间净土

（十）佛光会员的方向

从僧众到信众

从寺庙到社会

从自学到利他

从静态到动态

从弟子到教师

从本土到世界

（十一）佛光会员的精神

四大菩萨是我们的楷模

悲智愿行是我们的力量

般若戒法是我们的良师

自觉觉人是我们的信念

（十二）佛光会员应有的性格

群我要有国际性格

佛法要有人间性格

理念要有未来性格

制度要有统一性格

（十三）怎样做个佛光会员

做个共生的地球人

做个同体的慈悲人

做个明理的智慧人

做个有力的忍耐人

做个布施的结缘人

做个清净的修道人

做个欢喜的快乐人

做个融和的佛光人

（十四）佛光会员的四好

佛光会员要存心好

佛光会员要说话好

佛光会员要行事好

佛光会员要做人好

（十五）佛光会员的进展

希望大家做好"佛光会员"

希望大家建设"佛光人家"

希望大家发展"佛光社区"

希望大家创造"佛光净土"

（十六）佛光会员应该注意什么

要庆祝"佛光日"的殊胜

要普及"莲花掌"的手印

要奉行"四句偈"的称念

要参加"檀讲师"的进修

要有穿"佛光会服"的习惯

要遵守"佛光信条"的精神

要唱出"佛光会歌"的含义

要实践"佛光三昧"的修持

要阅读"会员手册"的内容

要认识"佛光会徽"的标帜

要明了"组织章程"的条文

要发扬"佛光宗旨"的理念

(十七) 佛光会员应如何做功德

以十供养来做功德

以四弘愿来做功德

以四摄法来做功德

以六度行来做功德

以八正道来做功德

以七圣财来做功德

(十八) 佛光会员如何广结善缘

用净财欢喜结缘

用语言功德结缘

用利行服务结缘

用技艺教育结缘

（十九）佛光会员要有六心

佛光会员要有灵巧慧心

佛光会员要有关爱悲心

佛光会员要有大志愿心

佛光会员要有愧意惭心

佛光会员要有精进恒心

佛光会员要有忠诚信心

（二十）佛光会员如何教育子女

养成信受的教育

养成礼貌的习惯

养成护生的观念

养成勤劳的本质

养成感恩的美德

养成佛法的认知

养成合群的性格

养成信仰的情操

（二十一）佛光会檀讲师应具备的条件

正知正见　信戒定慧

因缘果报　团结理念

慈悲和净　功德清望

权巧方便　口才敏捷

态度庄重　音调诚恳

五戒受持　家庭美满

以上所列之国际佛光会的宗旨、信条、精神、方向、目标等，主要是为了让全体会员对"国际佛光会"有具体而深入的认识，进而凝聚共识，作为大家推展佛光会的共同依循。

国际佛光会自创会以来，每两年召开一次世界会员大会，平时的协分会则会议不断。每次召开各种会议时，都有一定的开会程序，并且要宣读"会员信条"，为的是提醒会员应该实践佛光会的宗旨。此中包括信仰三宝、弘传佛法、家庭人事、生活行仪以及平日参加活动、自我修持、会员往来等行事的准则。尤其身为佛光会员，知见要正确，须知佛光会是以"现证法喜安乐、永断烦恼无明、发愿普度众生、建设人间净土"为修行目标。如果人人都能确实奉行实践，则对个人的修养、人缘、道业等，必能有所增长。

【人生百事】

（一）生活十事

1. 每天至少阅读一份报纸，了解时事；至少阅读一本好书，要做书香人士。

2. 生活作息要正常，思想行为要正派；早晚起居要定时，每日三餐要定量。

3. 养成运动习惯，每天至少五千步。

4. 远离烟酒色情毒品，生活自治自律。

5. 惜福节俭，不乱用，不滥买。

6. 养成良好的习惯，不乱吃零食，不乱发脾气，这才是优生保健的方法。

7. 每日吃饭要三称念，居家饮食要五观想。

8. 八千里路云和月，生涯中，要有托钵行脚的经验，也就是自助旅行。

9. 在一生当中，应该有一至两次，将身边的物品全部送人，体会空无一物的境界。

10. 掌握时间，善用空间，和谐人间；三间一体，人生不空过。

（二）立身二十四事

1. 人要给人利用，才能创造价值；人要学习活用，才能留下历史。

2. 因缘果报，不可不明；穷通祸福，不可不知。

3. 建立正知正见，不要人云亦云，不要被人牵着鼻子走。

4. 要建立自我的信心、自我的期许、自我的目标。

5. 人生至少要有三张执照，例如：驾驶（汽车、开船、飞机、火车）、烹饪、水电、会计、计算机、打字、医疗、护理、教师、律师、代书、建筑……

6. 一个人要会讲、会写、会听、会看、会想、会笑、会唱、会画、会做……全部都会最好，否则至少也要会得一半以上。

7. 做什么像什么，千万不可做什么不像什么。

8. 他物不贪，自财不吝，只要奋斗努力，一切自会随因缘而来；懒惰懈怠，煮熟的鸭子也会飞去。

9. 观察力要敏锐、周全、宽宏、圆满，还要有新思维、新想法、新观念、新作为，尤其想法要有一、二、三、四的内涵和层次。

10. 经常将欢喜、慈悲、荣耀、成就与人分享。

11. 不说是非，不传播是非，不计较是非，更不要为是非患得患失。

12. 懂得自律、自觉、自悟，具有恒心、毅力、乐观、勤奋，并且乐于结缘施舍，前途就有光明。

13. 能控制情绪，不随便跟情绪起舞，尤其行止要用理智决定；因为情绪是一时的，人生是百年的。

14. 人生要能计划时间，利用时间，不要虚度时间，胡混光阴。

15. 精进努力，奋起飞扬；不要留恋过去，要展望未来。

16. 凡事不一定要求助他人，先要求助自己；以身作则，可以决定一切。

17. 改变陋习，创造前途，不要等待机遇。

18. 要会找工作里的欢喜、快乐，还要会把欢喜、快乐传播给人。

19. 生气、发脾气不能解决问题，心平气和才能做人处世。

20. 宁可不聪明，不能不明理；宁可没有钱，不可以没有慈悲。

21. 该主动，不可畏缩；该思考，不要鲁莽。

22. 事无绝对的难易，努力，难者亦易；懈怠，易者亦难。

23. 去除私有的观念，把自己付予公理、公义、公平、公有。

24. 要有力量和智慧抗拒世间的诱惑，如财色名食等，尤其不要用感情处理公事，应该要以道义、公平决定人事。

（三）处世十三事

1. 利益的前面，要能想到别人，不为利益而出卖别人。

2. 不称己善，不宣人过，人间诸事，都如过眼云烟。

3. 凡事只问是非，不问利害；是非是有定律的，利害是自私的。

4. 不为讨便宜而侵犯别人，甚至要让别人讨一点便宜。

5. 不要为逞己之快，而用口舌讽刺别人，要能给人欢喜、给人帮助、给人赞美，让人认同。

6. 不要为忌彼之好，而用计谋打击别人，要能尊重效法，随缘随喜。

7. 对事业要有计划，对金钱要会运用，对感情要能升华，对功名更要淡化。

8. 能随遇而安，随缘生活，随心自在，随喜而作。

9. 毁辱荣誉自然有之，一切要自我淡化，怡然自得。

10. 做人要厚道，随时给人留下转圜的余地；给人留有空间余地，才能适时善用，同时也是为自己留下日后的方便。

11. 对自己要能不忘初心，对朋友要肯不念旧恶，对好事要做不请之友，对社会要会不变随缘。

12. 要训练忍耐的力量，对于外境能够认识、接受、承担、负责、化解、去除，进而修学"生忍"、"法忍"、"无生法忍"，把忍的功夫转化成为力量和智慧。

13. 能承受外境加予自己的压力，而且不觉得有压力的存在，因为有压力，才会有动力。

（四）群我二十事

1. 帮助别人，就是帮助自己；体贴他人，就是爱护自己。

2. 迁就他人善事，达成共识；重视民意，才有未来。

3. 处世要谦恭有礼，要谦虚受学，要委曲求全，要善解人意。

4. 待人处事要能柔和谦虚，慈颜爱语，要让他人如沐春风。

5. 处众要和谐、和气、和平；做事要勤奋、勤劳、勤快。

6. 待人以诚，人我尽欢；待客以尊，宾至如归。

7. 见面三句话，相处一回合，凡事要明理，平时多微笑。

8. 恭敬、赞美、包容，是待人处世的三部曲。

9. 欢喜时不多言，生气时不迁怒。

10. 要会听话，摘取他人讲话的精华。

11. 凡事不要轻易说破，要懂得含蓄的美丽与高贵。

12. 责备的话要带抚慰，批评的话要带赞扬，训诫的话要带推崇，命令的话要带尊重。

13. 待人要诚恳、要热情、要有礼貌；说话要多说"请、谢谢、对不起"。

14. 对青少年要教育鼓励，对老年人要关怀照顾，对残障者要帮助辅导，对失意人要体贴规劝。

15. 关怀邻里亲戚朋友，彼此守望相助，和谐融洽。

16. 承顺奉养父母、亲翁、长辈，提携友爱初学晚辈。

17. 经常不求回报地帮助他人，多做一些好事，做人间善美的义工。

18. 闻善言要着意，而且要能不忘失，更不可做"非人"。

19. 凡事要合理，理是公平的、理是正直的、理是大众的。

20. 遇事要有反省的自觉力，不怨天尤人，须知凡事都有前因后果。

（五）敦品十五事

1. 别人做好事、说好话、受人尊重，不要嫉妒，要心存效法。

2. 对好人要感谢，对受益要感恩，对善事要感动。

3. 经常做令人感动的事，别人的好心好事，自己也要能感动。

4. 能受委屈，能受冤枉，能受挫折，能受侮辱，然后才能受荣耀。

5. 人生要用苦行锻炼自己，十年苦行不为多。

6. 树立自己心中终身的偶像一至三人，并效法他。

7. 人生要有几位善知识做朋友，尤其得遇明师时要亲近随侍，忠诚而不违逆。

8. 放弃无理的执著，谦虚受教真理；谦虚才能受益，傲慢必定吃亏。

9. 找出自己最大的缺点，要有改变的愿力，切实执行。

10. "认错"是最好的美德，也是最大的勇气。

11. 要把做过的错事记住，不断地自我警惕，自我提醒，要能"不二过"。

12. 当要责备人的时候，先要检讨自己，对自己的功过要切实地审查，才能责怪别人。

13. 珍惜生命，爱护生命，尊重生命，不可伤害生命。

14. 不要为感情蒙蔽自己，不要为金钱出卖自己。

15. 学习吃亏，知道吃亏才是讨便宜。

（六）修行十八事

1. 每日至少要静坐五分钟，或是每天读一篇《佛光祈愿文》。

2. 每周至少闭关半日，自我沉潜；每月至少素食一天，培养慈悲心。

3. 每日行三好：做好事、说好话、存好心。

4. 每天生活有七诫：诫烟毒、诫色情、诫暴力、诫偷盗、诫赌博、诫酗酒、诫恶口。

5. 深信正法，恒思诸善；诸恶莫作，众善奉行。

6. 承诺过的事一定要完成，所谓"君子一言，驷马难追"也。

7. 惭愧有所不知、有所不能、有所不净、有所不善，因为惭愧是我们的花冠。

8. 提起善美好事，放下忧悲苦恼，让自己的内心成为好的工厂。

9. 不论身在何处，常对受灾难的人同情，甚至为他祈福。

10. 能"给"，才是富有；能"舍"，才有所得。

11. 随力、随分、随喜、随缘布施培福。

12. 器官捐赠，让生命再延续，让废物还有再利用的机会。

13. 要有你大我小、你有我无、你乐我苦、你对我错的修养。

14. 不猜疑人，不嫉妒人，成人之美，待他人好，就是功德。

15. 得失不计较，有无不比较。

16. 不要把忧愁传染给别人，不要把烦恼带到床上。

17. 要懂得改心、换性、回头、转身。

18. 要能"知行合一"，不要讲时似悟，对境生迷。

以上"人生百事"，乃因全球佛光人平时散居在世界各地，大家在思想理念上必须取得共识，尤其观念要合乎正见，因此特别列出一百条行仪与思想上应该注意的事项，作为大家生活修行的自我审查与自我勉励，以期道业不断增上，菩提日趋圆满。

戒能防非止恶，去恶行善。唐代道宣律师在《四分律删繁补阙行事钞》中，以戒法、戒体、戒行及戒相四点，说明戒的要义。也就是当一个人受持佛陀制定之不可杀、盗、淫、妄等规范行为的"戒法"时，一旦身心领受"戒体"，发而成为"戒行"，护持身、口、意三业，使之清净不违法，如此借由持戒功德，自然威仪庄严，举止如法，而流露出美德光显的"戒相"。所以清净的戒行可以净化我们的身心，增进我们的道德，升华我们的人格，发掘我们的佛性能源，保持我们的道念不失，让我们具足修行功德，成为我们生活的指标。由此可见戒之于人生的重要，不言而喻。

尤其，佛教是一个倡导平等的宗教，例如"人人皆可成佛"、"我不敢轻视汝等，汝等皆当成佛"，都是对于人格的尊重。这种特质经过持守戒律来实践、升华，最终达到不仅尊重"人权"，也能尊重"生权"，这是未来提升全人类人格素质的重要目标。是以透过五戒、十善，乃至全方位的菩萨三聚净戒的实践，而能"完成人格"、"圆满菩提"，继而"自利利他"、"自度度人"，这正是佛教戒律的可贵，也是我们所提倡"人间佛教的戒学"之终极目标。

谢谢大家。

人间佛教的定学

　　六祖惠能大师在《六祖坛经·坐禅品》里，作了如下的诠释："外离相即禅，内不乱即定，外禅内定，是为禅定。"所以，禅定者，外在无住无染的活用是禅，心内清楚明了的安住是定。所谓外禅内定，就是禅定一如。对外，面对五欲六尘、世间生死诸相能不动心，就是禅；对内，心里面了无贪爱染着，就是定。

　　　　　　　　　　（二〇〇六年十二月九日讲于香港红磡体育馆）

各位法师、各位嘉宾、各位居士，大家好！

继昨天讲过"人间佛教的戒学"之后，今天我们要进入"戒定慧"三学的第二个修学层次，也就是"人间佛教的定学"。

讲到"定"，人要有"定力"，才不会被世间的称、讥、毁、誉等"八风"所动。一个有定力的人，喜怒不形于色，苦乐不萦于怀，甚至如果修定有成，能把吾人本具的般若自性开发出来，则即使面对生死，也能无忧无惧，这就是最快乐，最为解脱自在的人生了。所以"定"的修持，对人生有很重大的意义。

所谓"定"，一般和"禅"并称为"禅定"，就是精神统一，意志集中，也就是令心专注一处，远离散乱浮沉，而达到平等安详的精神状态。所以《大智度论》："禅定名摄诸乱心。"定能息缘净虑，摄心觉道，是修学住心的法门，一般称为三昧、三摩地、等持、正定，等等。

"禅"与"定"向来被视为是一体的，所以"定学"通称为"禅定"。所谓内不为妄念所惑，是名为"禅"，外不为境界所染，是名为"定"；禅定能产生一种力量，使我们不易为外境所转，进而显发真如自性，长养法身慧命，所以又有"定根"、"定力"之称。

因为禅定能让人"依定发慧"、"依慧得解脱"，因此自古以来一直是各大宗派共行的修持法门。远在佛陀时代，修习禅定就已普及当时印度的宗教界，后来随着佛教传到中国以后，中国的禅宗祖师将印度注重冥思的风格，融入生活中，达到动静一如的定境，开展出中国独特的务实禅风，对于中国文化产生很大的影响。

讲到禅，很自然就会让人联想到"拈花微笑"，这是禅宗最古老的公案。根据《大梵天王问佛决疑经》所说：有一天，佛陀在灵鹫山，当时有一大梵天王，为了让今世、后世的众生获得利益，便以金婆罗花献给佛陀，并且舍身为床座，恭请佛陀为众生说法。佛陀登座拈花示众，当时与会的百万人天大众，大家面面相觑，无法会意，只有大迦叶尊者当下灵犀相通，破颜而笑，于是佛陀开口说道："吾有正法眼藏，涅槃妙心，实相无相，微妙法门，不立文字，教外别传，付嘱摩诃迦叶。"于是禅就在"拈花微笑"，师徒心意刹那交会之间传了下来，并从印度传到中国，成为中国文化的重要特质。

禅源自佛陀在灵山会上传法给摩诃迦叶，之后历经各个时代的传承，到了二十八祖菩提达摩东渡来华，成为东土初祖。之后依次相传慧可、僧璨、道信，到了五祖弘忍时，门下又出神秀与惠能，遂有"南能北秀"之分，并且从惠能后"一花开五叶"，禅的花果更加枝繁叶茂，禅的智慧也因此亘古流传在人间。

所谓"南能北秀"，神秀本是五祖弘忍大师的首座弟子，曾以"身是菩提树，心如明镜台，时时勤拂拭，勿使惹尘埃"一偈示其心境；惠能则于壁面另题："菩提本无树，明镜亦非台，本来无一物，何处惹尘埃?"表达其悟境，虽然当时未被印可，不过，后来因为听到《金刚经》的"应无所住而生其心"当下大悟，并获得弘忍印可，于是中国禅宗以惠能为正统，成为禅宗六祖。从此惠能以顿悟禅的主张弘传于南方，有别于北方神秀系的渐悟禅，世称"南顿北渐"。

禅宗自六祖惠能以后，开演出曹洞、临济、云门、沩仰、法眼五派，故称为"一花五叶"。此五家再加上出自临济的杨岐派、黄龙派，合称七宗，世称"五家七宗"，又作"五派七宗"。

禅宗虽有"不立文字"、"教外别传"之说，但是"不立文字"并非"不依文字"，如六祖惠能："谤法，直言不用文字，既云不用文字，人不合言语，言语即是文字。""教外别传"也非"不依经教"，而是要行者不得拘泥于文字与经教。须知文字、经教是"标月指"，其目的在引导学人见自本心，悟自本性。因此，自佛陀乃至古来的祖师、禅德们，莫不"老婆心切"，每每在化世因缘中，或讲说，或著述，或颂古，或评唱，等等，因而留下无数的禅门语录与禅宗公案传世。后来的禅者更据此把禅分为如来禅、祖师禅、大乘禅、小乘禅、公案禅、话头禅、棒喝禅、默照禅、止观禅、文字禅、南宗禅、北宗禅、凡夫禅、外道禅、老婆禅、野狐禅、鹦鹉禅等不同的种类。到了现代，甚至有所谓山水禅、户外禅、随心禅、企业禅，等等。其实禅是有系统、有脉络的，禅的名目再多，应不离其根本精神，禅就是统一、集中，最好不要横生枝节，否则注重枝末，将会找不到本家。

禅，是佛法的核心，是中国佛学的骨髓，也是中国文化的结晶。太虚大师说：中国佛学的特质在禅。禅，不但是中国唐宋以来民族思想的根本精神，尤其宋朝以后的孔、孟、老、庄各家学者，无不学禅、研禅。"禅解儒道"、"禅儒相融"的结果，佛教不但影响几千年的中国文化，也融和了中国文化，并且孕育出具有中国文化特质的佛学精髓——禅学。

近代由于敦煌禅籍的发现，学术界对禅宗的研究逐渐重视起来，所以有胡适、吕澄、铃木大拙等国际知名学者投入禅学研究，于是在二十世纪末的中国大陆出现了一股禅学研究的热潮，甚至席卷欧美，形成一股禅学热。

禅与净土一直是最为现代人普遍接受的修持法门。一般讲到"参禅"，就离不开"打坐"，但其实真正的禅定，不在于形式上的打坐，而是在于内心能源的开展，因此参禅要"止观双修"、"定慧等持"。

所谓"止"，就是止息一切妄念，心归于专注一境的状态；"观"就是开启正智，正确观照诸法，断灭诸结烦恼。止的意义偏向消极的防遮性，观则具有积极的建设性，二者必须并修，才能达到定慧一如，断惑证真的效果。

止是定，观是慧；定是体，慧是用。由定生慧，定慧二学在佛法上往往相应不离。如北本《大般涅槃经》说："惟有定慧等持，才能得无相涅槃。"又《大乘理趣六波罗蜜多经》："静虑能生智，定复从智生，佛果大菩提，定慧为根本。"一般在修习的方便上，常以"止观"来代替"定慧"，因而有"止观双修"、"定慧等持"的说法。

禅，是有情众生清净的本性，禅不是靠打坐而得，打坐不一定能成佛，就如磨砖无法成镜。但是透过坐禅来修定，却是一般初机者修持禅定的入道之门。

关于"禅定"，六祖惠能大师在《六祖坛经·坐禅品》里，作了如下的诠释："外离相即禅，内不乱即定，外禅内定，是为禅定。"所以，禅定者，外在无住无染的活用是禅，心内清楚明了的安住是定。所谓外禅内定，就是禅定一如。对外，面对五欲六尘、世间生死诸相能不动心，就是禅；对内，心里面了无贪爱染着，就是定。

佛教的许多诗偈或古语，都可以用来说明"禅定一如"，例如：

· 吾有正法眼藏，涅槃妙心（内定）

　拈花微笑，付嘱摩诃迦叶（外禅）

· 应无所住（内定）

　而生其心（外禅）

· 溪声尽是广长舌，山色无非清净身（内定）

　夜来八万四千偈，他日如何举似人（外禅）

· 犹如木人看花鸟（内定）

　何妨万物假围绕（外禅）

· 稽首天中天，毫光照大千（外禅）

　八风吹不动，端坐紫金莲（内定）

· 终日寻春不见春，芒鞋踏破岭头云（内定）

　归来偶把梅花嗅，春在枝头已十分（外禅）

外禅内定，就是内外一如，就是禅定双修；能够禅定双修，则外禅可以影响内定，有了内定，自然就有外禅。

禅与我们的日常生活有很密切的关系，尤其在现代这个复杂纷乱的社会生活里，我们每一个人都需要禅定的力量来安顿浮荡不定的身心。以下就以四点来说明"人间佛教的定学"：

一、定的目标——不求成佛，只求开悟

二、定的修持——清素生活，止息观心

三、定的妙用——不随境转，自我提升

四、定的利益——灭除妄想，安忍身心

一、定的目标——不求成佛，只求开悟

有人说，二十一世纪是佛教的世纪，更是禅学的世纪。禅，并不是禅宗所独有，也不是佛教的专利品；禅，是我们每一个人的心，是人类共有的宝藏。当初佛陀在灵山会上拈花示众，他把禅法传给了大迦叶，但把禅心交给了每一个众生。禅，就像太阳的热能一样，只要有心，到处都有自己的热能。

禅是人间的一朵花，是人生的一道光明，禅不是什么神奇玄妙的现象，禅是"平常一样窗前月，才有梅花便不同"，如果你懂得的话，可以说人间到处充满了禅机，人自然里无一不是禅的妙用。

近年来禅的发展已由东方普遍至西方，并由僧众广及到信众的参修。禅对于生活在繁忙工商业社会的现代人而言，如能每日静坐几分钟，甚至每隔一段时日到寺院参加禅修活动，将有助于我们获得再出发的力量。

说到禅，参禅打坐是修定的一种方便法门，但是有的人坐禅为了求神通、灵异，因此专走旁门左道；有的人坐禅是为了成佛，然而发心不够，方法不对，因此久久见不到消息。

其实，禅门里的历代祖师参禅，都不求成佛，只求开悟。因为成佛不是"求"得的，而是要"三祇修福慧，百劫修相好"，经过长时的修行，一旦福慧具足，自然圆成佛道。因此，坐禅最重要的，还是要把禅定的功夫落实在生活上，要从日常的行住坐卧、出坡作务中体会佛法，才会有禅，否则离开了生活，固然没有禅，离开了作务，更无法深入禅心。

自古以来，禅师们都非常重视生活里的劳动和服务，像黄檗禅师曾经开田、摘菜，汗流田里，不以为苦；沩山禅师曾经摘茶、和酱、泥壁，从茶园工作到厨房，从做酱菜到水泥粉墙、挑砖砌瓦，样样做过；临济栽松、锄地，将一棵棵树苗种下，为了余荫后人；石霜禅师在米坊筛米，双手劳动不停；云岩作鞋，孜孜矻矻帮人补鞋；仰山牧牛、开荒，在荒原上行走跋涉；洞山锄茶园，一锄锄挥下，汗流如注；云门担米，寺里的米粮都由他一肩肩挑起；玄沙砍柴，那握着柴刀的手，长着累累的厚茧；赵州扫地，日扫夜扫，把多少烦恼扫成堆；雪峰斫槽、蒸饭、畲田，不发一声苦，不喊一句累，默默在毒辣的大日头下耕耘；丹霞除草、莳花，从一草一花中憬悟生命的义谛……此外，像道元的种菜、杨岐的司库、百丈的务农、圆通的知众、百灵的知浴，等等，在在都说明禅者非常重视生活。

禅者在衣食住行的生活里是离不开作务的，就如同鱼离不开水，树少不了土，生活作务是禅者的道粮，很多禅师就是在弯腰劈砍、直身挑担的生活里悟道。例如：香严智闲在锄地耕种时开悟、洞山良价在瞥见河里自己的倒影时开悟、梦窗国师在靠墙就寝时开悟、虚云和尚在捧杯喝茶时开悟、永明延寿听到柴薪落地的声音开悟，等等。

悟才是参禅入定的真正目的，禅师们悟道之后，山仍是山，水仍是水，只是山河大地与我一体，任我取用。所谓"青青翠竹无非般若，郁郁黄花皆是妙谛"。道，就是自家风光，是不假外求的，所以开悟还是要靠自己，要自己去觉悟。

有学僧向赵州禅师叩问："怎样学道？怎样参禅？怎样开悟？怎样成佛？"

赵州禅师点点头，起身说："我没有时间跟你讲，我现在要去小便！"说完，不理会那人的惊愕，开步就走。走、走、走，走了几步后突然停下来，回头微笑说："你看！像小便这么一点小事情，还要我自己去，你能代替我吗？"

禅是不能外求的，怎样参禅？怎样开悟？怎样成佛？别人都不能代替，这是每个人的自家事，要靠自己去参、自己去学。

参禅求道要如何去参、如何去学才能开悟呢？当然，大彻大悟不是那么容易，不过只要每天都有"我知道了"、"我懂了"、"我明白了"。每天小小的觉悟，日积月累，就会豁然大悟。

悟需要机缘和合，针锋相对，才能参透消息。就好比收音机要调准频率，照相要对好焦距，才能声音清晰，影像鲜明。

唐朝的马祖道一禅师证道后回到故乡，他的嫂嫂非常尊敬他，奉他为师表，要跟他求道。马祖道一禅师对她说："你把一个鸡蛋吊在半空中，每天注意听，只要听到鸡蛋发出声音的时候，你就可以悟道了！"嫂嫂信以为真，每天专注倾听鸡蛋的声音，从不懈怠，多少年过去了，还是没有听到鸡蛋的声音。渐渐地，吊着鸡蛋的线朽烂了，有一天终于断裂了，鸡蛋从半空中掉了下来，发出"崩"的一声，嫂嫂一听，悟了——原来物我合一，心外更无一个真实世界，这一声打破了里外、人我，而臻于如如。可见，只要思想统一、精神专注，就是无情也能说法悟道。

古来很多修道证悟的高僧大德，他们开悟的方法可说千奇百样，其中有的禅师看到花开花落而豁然有悟，有的禅师听到泉流蛙鸣而开悟，有的禅师打破了杯盘碗碟而开悟。

此外，也有禅师看到自然界更迭兴衰的现象而开悟。譬如：灵云志勤禅师看到桃花落地而开悟，并且做了一首诗偈来表达他的心境："三十年来寻剑客，几回落叶又抽枝；自从一见桃花后，直至如今更不疑。"古代的一位比丘尼到各地遍参之后，回来见到庭院的梅花，终于开悟，说道："终日寻春不见春，芒鞋踏破岭头云；归来偶把梅花嗅，春在枝头已十分。"

悟是一种亲证的体会，悟者的境界不是一般人所能胡乱猜度的，没有禅悟的体证功夫，随意模仿禅者的言行，有时候反而会画虎类犬，贻笑大方。

有一个年轻人在打坐，看到老禅师走过来却不起身问讯，禅师就数落他："你这个年轻人，看到老人家来了，怎么不站起来迎接呢？真是不懂礼貌！"

年轻人学禅的口气说："我坐着迎接你，就是站着迎接你！"

禅师一听，上前打了年轻人一个耳光，年轻人愤愤地说："你怎么打我！"

禅师笑道："我打你耳光，就是不打你耳光！"

禅不是世智辩聪，禅更不是装模作样，禅悟之后的智慧是自然地流露，不是忖臆仿效所能得到的。

温州净居寺玄机比丘尼到大日山参访雪峰禅师，禅师问："从哪里来？"

"大日山来。"

"日出也未？"意思是说，你开悟了没有？

玄机回答："如果太阳出来了，就融却了雪峰。"意思说，如果我开悟了，哪里还有你雪峰呢？哪里还要来问你呢？

雪峰听了，觉得他虽没有开悟，倒也有一点道理。于是再问："你叫什么名字啊？"

"我叫玄机。"

"日织几何？"意思是说，你每日如何修行用功？

玄机回答："一丝不挂。"意思已经解脱尽净。

谈过话以后，玄机就要走了。走到门口的时候，雪峰在后面叫着："喂！你的袈裟拖在地上了！"

玄机一听袈裟拖在地上，赶快回头一看。雪峰大笑说："好一个一丝不挂啊！"意思是说，"一丝不挂"看来也只是口头禅，你并非真有那么高远的境界。

所以禅悟和知识是不一样的，经过禅悟体证的智慧，不同于一般的知识。平常有人打我们一下，"哎哟！好痛喔！"肚子饿了，"啊！好饿哦！"知道痛、知道饿，这是知觉上的一种明白，虽然不是悟，但毕竟也是一种明白。日常生活里，我们感觉到快乐、悲伤，能辨别好事、坏事，了解善的、恶的，这种分辨、知道，虽不是觉悟，总也是体会。

古今中外，有很多"知"的例子，牛顿看见苹果落地，知道了地心引力；富兰克林发现了电，启示后代电学的发展，因而有今天昌明的科技。这些发现，虽不是大彻大悟，但也是慢慢地由我知道、我懂了，发展出一套贡献世人的学问理论。

但是，知识毕竟不同于"悟"，当初佛陀在菩提树下、金刚座上，夜睹熠熠天星而成等正觉。他说："奇哉！奇哉！大地众生皆有如来智慧德相，只因妄想执著而不能证得……"这就是一种修行的体悟。

悟，就是"我找到了"！人一直在探求生命的源头，有时忽然灵光一现，"啊！我找到了！"找到了自己的本然面目，就好像瞬息间回到久别的故乡，见到了暌违的爹娘，"忽然识得娘生面，草木丛林尽放光"。

悟了之后，可以让你大笑三天，一切的大地河山，看来都是亲人，千峰万仞也视同故友。悟了之后，也可以让你大哭三天，如同久别倦归的游子，回到慈母怀抱，感激涕零再无一言。

悟是认识之后再进一步的识破、勘透，好比百尺竿头往虚空处再上一步，这一步跨出便能舍掉百尺竿头的依靠，遍历虚空，来去自如。悟是理解之后更深刻、更透彻的洞悉，对生命再深思、再参透的体悟。

悟是亲证的体会,悟是明确的观念,悟是透视的能力,悟是自性的觉醒,悟是明白的领会。悟是"生死一体",悟后觉得生也未尝可喜,死也未尝可悲。悟是"动静一如",浮动的世界里有一个涅槃寂静,在寂静的世界里,又有无数生命在欣欣向荣地活跃着。悟更是"有无一般",有固然很好,无也非常丰富,从"无"之中,还可以生出千千万万个"有"!悟的时候,"来去一致",来也未尝来,去也未尝去,亲朋相聚,好友离散,在悟的境界里是一致不二的!悟,使我们从矛盾中得到统一,从复杂中发现单纯,从障碍中找到通达,从枷锁中获得解脱!

悟是"有无一体",不是先"有"后"无",或先"无"后"有",而是有无同时俱在,悟是没有先后的。悟的境界使我们可以随顺这个世间,觉得跟世间水乳交融;也可以使我们与世间违背,觉得方枘圆凿,格格不入。悟是一种"通达的茫然",也是一种"茫然的通达"。悟的那一刻,豁然通达了,回头看看以往执著虚妄的世界,觉得茫然,这是"通达的茫然";悟也好像在黑暗无际里面,突然电光一闪,照破无明迷雾,顿见光明灿烂的世界,这就是"茫然的通达"!

悟,是观念的改变,智慧的体现:未悟之前,心里种种执著,贪恋功名富贵,计较人我是非,沉溺虚幻情爱,放不下也解脱不了;开悟之后,能挣出名缰利锁的捆绑,冲破情关欲海的迷离,朗朗观看世间,顶天立地生活于宇宙。

悟,是从观念的改变到生活品味的转换,悟道的生活是泯除一切机用、随缘放旷的自在生活,是超绝较量计度,绝对纯真纯美的自然生活。

有人向赵州禅师请教说："什么是祖师西来意？"

禅师回答说："吃茶去！"

这人又问："什么是父母未生我的本来面目？"

禅师回答说："洗钵去！"

吃茶、洗钵和参禅悟道有什么关系呢？如果我们能从日常生活的吃饭、喝茶之中，品尝出般若妙味，就能见到自己的本来面目，与三世诸佛心心相印。佛法大意不向高远的地方追求，而在率性天真、自然拙朴的这颗"平常心"中体证。

开悟之后的生活是智慧重于感情的生活，是净化私情私爱，充满睿智灵慧的生活。

有一天，丹霞天然禅师在一个佛寺里挂单，正好碰到寒冬，丹霞禅师拿起木雕的佛像，生起火烤暖冰冷的手，寺里的香灯师父看了，惊叫："干什么？你怎么可以烧佛像？"

禅师说："我在烧舍利啊！"

香灯师父说："胡说，佛像哪有舍利子？"

"啊！既然佛像没有舍利子啊，那么多拿几尊来烧吧！"

我们平常人看到烧佛像认为大逆不道，可是悟道后的丹霞禅师，以大智大悲洞然佛的法身遍满宇宙虚空，充塞无量沙界，佛与众生如如平等，唯有证悟自性如来，才是真正见佛、敬佛的人。

开悟后，可以领略到时间的永恒，可以体会出空间的无边。悟，在人我里完全生佛平等，在时空里，完全法界一如。

智通禅师半夜忽然起床大叫："我悟了！我悟了！"一寺大众都被他吵醒，归宗禅师严肃地问他："你悟的什么？"智通毫不迟疑地回答道："我悟的道是师姑原来是女人做的！"

这样的回答，实在太妙了！师姑是女人，是多平常的事，但真正的懂是证悟诸法普遍平等，才真正的了然。

悟是水到渠成，悟是一针见血。"悟"，是语言所表达不出，文字也形容不了的！譬如吃了一颗糖，感觉很甜、很好吃，这甜的程度、甜的滋味只有吃的人知道，即使说破了嘴皮，没有吃的还是不能体会；"悟"就像这种"如人饮水，冷暖自知"的自证自觉境界，所以禅宗说"悟"是"言语道断，不立文字"的。

虽然"悟"不容易借语言文字传达，但是"悟"是绝对可以体验的一种境界。由悟之中，可以体验到"生命的奥秘"，生命是无限伟大、无限喜悦的存在。由悟之中，可以领略出"时间的永恒"，一刹那、一转瞬都可以通往永恒的瀚海。悟，可以使我们体会"空间的无边"，一花一世界，一叶一如来；须弥藏芥子，芥子纳须弥！悟，更可以使我们体认"人我一如"，原来你和我不是两个人，你和我是一体一如的。"悟"是有声音的，"悟"的声音怎么样？是"崩"的一声，震破混沌蒙昧。"悟"也有速度，用"电光石火"来形容还不及万分之一。"悟"的形象，是粉碎虚空，消灭迷妄，眼前望去，一片真实光明！

悟，是一个非常快速、突然，料想不到的状态。但是开悟并不是一蹴可及，也不能一步登天，参禅开悟是有阶段性的。宋朝的大文豪苏东坡参禅颇有见地，他曾经做了三首诗偈来表明参禅悟道的三个过程。第一个阶段是尚未参禅的情形："横看成岭侧成峰，远近高低各不同；不识庐山真面目，只缘身在此山中。"第二阶段是参禅而尚未开悟的心情："庐山烟雨浙江潮，未到千般恨不消；及至到来无一物，庐山烟雨浙江潮。"第三个阶段即是悟道之后的境界："溪声尽是广长舌，山色无非清净身；夜来八万四千偈，他日如何举似人？"

开悟之前，看一切万法都如翳在眼，雾里观花，不能了解事物的真相；开悟之后再返观世间诸有，如盲重光，烟雾尽散，可以如实地看清山河大地的本来面目。

也有人以参禅前后的不同感受来说明悟后的心境：没有参禅的时候，"看山是山，看水是水"；参禅的时候，"看山不是山，看水不是水"；等到开悟之后再看，仍然是"看山是山，看水是水"。

开悟后天地还是天地，日月依旧是日月，人我仍然是人我，只是生活的内涵、品味不一样了。未开悟前，"吃时不肯吃，百种思索；睡时不肯睡，千般计较"。开悟之后，"饥来吃饭困来眠"，一样的吃饭，一样的睡觉，洒脱自如，任性逍遥。开悟前时时难过，步步维艰，开悟后日日是好日，处处通大道。

开悟的境界需要自己亲自去实证，悟道的生活需要自己实际去体验。就如一个人想要学会游泳，纵然遍览游泳指南的书籍，具备一切游泳常识，如果不下水一试，终究是旱鸭子一只，不能成功。

悟道要亲自体证，一旦悟道了以后又要做什么呢？所谓"悟后起修"，虽然开悟了，不去实践，也不能成佛。因此，虽然有的人先修后悟，有的人先悟后修，不管先悟先修，总之悟道后要依道而修、依法而行，要在人间"行佛"，从生活里服务大众，培养福慧资粮，等到因缘具足，自能开悟"成佛"，这也是为什么诸佛都在人间成道的原因。

由于历代禅者修定不重成佛，而重开悟，所以禅者是最有人间性了。他们在人间悟道以后，当下的生活能够解脱，能够安住，能够获得身心的自在，明心见性也就满足了，何况只要一悟，何愁不能成佛？

因此，禅就在生活里，禅不是只管打坐。打坐不过是一种心意集中的训练，是一种养成定力的方便法门，禅者不可耽着在打坐的享乐中，忘了佛教在人间的任务，忘了学禅是要与众生同一鼻孔出气；禅是要与宇宙共脉动的，那才是人间禅者的胸怀。

二、定的修持——清素生活，止息观心

在佛教里，说到修行，大都是指参禅、念佛、修密。有一句话说，"密富禅贫方便净"，意思是说，如果要学密宗的话，在经济上必须富有，因为密宗的坛场要布置得非常精致

庄严，道具的打造材料，非金即银，或者是铜质的铸造，并且要样样齐全，修持作法每次都要花相当的时间，对于上师更要有优厚的供养，所以要如法学密，经济上必须富裕，时间上必须有相当空闲的人，才好修学。

另外，修行净土宗的念佛法门，不管什么行业、身份，不论何时何地，时时处处都可以念佛修持，因此最方便的修行法门，非净土宗莫属。至于想要修学禅宗的人，没有钱不要紧，因为禅者的修行生活，无论山林水边、茅蓬之处，只要双腿一盘，就可以参禅了。

不过，参禅究竟是坐呢？还是卧呢？还是站呢？六祖大师说，禅非坐卧，坐、卧、立都不是禅。所以，六祖大师曾对志诚禅师说："住心观静是病，不是禅。"

那么，如何才是禅呢？紫柏大师曾经这样说过：

"若不究心，坐禅徒增业苦；如能护念，骂佛犹益真修。"

禅不是闭眼打坐，闭眼打坐只是进入禅的方法之一。如南岳怀让禅师问："譬如牛拉车，车子不走，是打车子呢？还是打牛呢？"

打车子没有用，参禅，要紧的是观心、用心。你要想明心见性，光是用身体打坐，并不一定有很大的效果，所以，参禅打坐，用心第一。

唐朝瑞岩禅师经常自言自语："主人公，你在吗？在，在！"不知者以为他疯癫，知者了解那是一种深刻的禅修功夫，用意在唤醒自己的觉性，片刻都不离开当下。

禅者参禅，心要专注当下，要懂得止息观心。止息，就是不为外境所动；观心，就是看到自己的心。中国禅宗以搬柴运水、出坡作务来修习禅定，借事练心，就是要找回自己的本来面目，因为"明心见性"才是禅定的最终目标。

不过，不能否认的，禅虽然不是坐，也不是卧，当然更不是立，但是如果我们想要体验禅悦的妙味，想要透过修定来参究自己的真心本性，打坐仍是初学参禅的人应有的必经过程，所以参禅首先必须懂得一些坐禅的基本常识，掌握一些根本的坐禅要领。如天台《小止观》说，初学坐禅，当调五事：调食、调睡、调身、调息、调心。

以下就先将传统的禅修方法与内容，略述如下：

（一）毗卢遮那七支坐法

"毗卢七支坐法"是坐禅调身的最佳姿势，分为七个要点：

1. 盘腿：端坐盘腿，跏趺而坐。
2. 结印：安手结印，置于膝上。
3. 直脊：背脊竖直，不可靠壁。
4. 收颈：头面要正，颈靠衣领。
5. 平胸：双肩应平，轻松自然。
6. 抵颚：嘴唇抿合，舌抵上颚。
7. 敛目：敛目平视，观照自心。

（二）六妙门

"六妙门"为天台智者大师所作，是进入涅槃的六个禅观法门，分别是：

1. 数息门：数息（从一至十）摄心，为入定的要法，所以是第一妙门。

2. 随息门：随息之出入而不计其数，如此自然容易引发禅定，所以是第二妙门。

3. 止门：心止则诸禅自发，所以是第三妙门。

4. 观门：观五蕴是虚妄的假有，以此破种种的颠倒妄见，可以开发无漏的方便智，因此为第四妙门。

5. 还门：收心还照，知道"能观"之心非实，则我执自亡，无漏的方便智自然明朗，所以是第五妙门。

6. 净门：心无住着，泯然清净，则真明的无漏智因此而发，自然断惑证真，所以为第六妙门。

此中最关键的是随息，是从动到静的过程；另一个是观息，是从静到动，从定发慧的关键。在观息里面，观看到呼吸的进出，如同生命的轮回，也像是生灭的交替，如此与佛法无常苦空相应，从中体验到三法印、四圣谛的真理，就能破除我执，然后才能再到还净的更高境界。

（三）五停心观

"五停心观"为禅修的基础，当参禅打坐还未进入"定"境的时候，可以辅以"五停心观"来治心：

1. 用不净观对治贪欲心：不净观是指观想自他肉体的肮脏、龌龊，以对治贪欲烦恼的观法。

2. 用慈悲观对治嗔恨心：慈悲观是多嗔众生观想由拔苦

予乐而得到的真正快乐，以对治嗔恚的观法。

3. 用因缘观对治愚痴：愚痴的人就是因为不明白世间上的事物，都是因缘所成，因此产生执著；如果懂得因缘法，就会知道众缘和合的奥妙，就能转愚痴为智慧。

4. 用数息观对治散乱：我们的心妄想纷飞，透过数息观，也就是数我们的出入息，让心系于一呼一吸，不但能够使呼吸慢慢均匀，而且能使妄心不再散乱，进而获致轻安。

5. 用念佛观对治业障：念佛观就是念佛的相好光明、功德巍巍、空寂无为，以对治业障的观法。

（四）四念住

"四念住"为修持定慧的功夫，修持达到心神静止，须进一步修习四念住的观法：

1. 身念住：观身相不净，同时观身的非常、苦、空、非我等共相，以对治净颠倒。

2. 受念住：观照欣求乐受中反生苦恼的原因，并观苦、空等相，以对治乐颠倒。

3. 心念住：观"能求"的心生、灭无常，并观其共相，以对治常颠倒。

4. 法念住：观一切法皆依因缘而生，无有自性，并观其共相，以对治我颠倒。

以上四念住是以不净、苦、无常、无我四观，来对治净、乐、常、我四颠倒。

（五）九住心

当修行一段时日后，可以透过"九住心"，勘验自己修行的进度。

1. 内住：参禅打坐时，最初系心一境，使心住于内，不外散乱。

2. 续住：最初所系缚的心，其性粗动，不能使它等住遍住，所以当心念对外在的对象起作用时，即于所缘的境界，以相续方便、澄净方便，令心遍住微细。

3. 安住：心虽然摄持令内住、续住，但是仍然还会有失念、散乱的时候，所以当心一外散，立即察觉，摄心还住于所缘中。

4. 近住：此时心已能做到不起妄念，心念不向外散失。因为妄念将起，就能预先觉知，先将它制伏，不令此心远住于外，称为近住。

5. 调顺：深知禅定的功德殊胜，了知色、声、香、味、触及贪、嗔、痴、男、女等十相是使心散乱的过患，因此，能将心调伏，不使流散。

6. 寂静：以内心的安定功德，止息能令心扰动的恶寻思及随烦恼，使心调伏，不再流散。

7. 最极寂静：由于失念的缘故，前面所说的各种不正寻思及随烦恼暂现行时，随所生起，能不忍受，立即除遣断灭。

8. 专注一趣：有加行，有功用，无缺无间，而定力得以相续。

9. 等持：就是平等持心，由于数数修习的因缘，功夫纯熟，不由加行，不由功用，心能安住，任运相续，无散乱转。修定至此，已经是即将入定的阶段了。

（六）四料简

临济禅师的"四料简"，是可以应机应时、与夺随宜、杀活自在教导学人的四种规则：

1. 夺心不夺境：忘记自己，但没有忘记外境。
2. 夺境不夺人：泯灭外境，但没有忘失自我。
3. 人境两俱夺：人与境皆忘。
4. 人境俱不夺：人境俱不泯，道不离世间。

无论"九住心"或"四料简"，禅者都可以依此测试自己，检验自己究竟到达哪一个阶段。

（七）破三关

禅者在修学的过程中，会出现种种不一样的境界，因此过去禅宗有所谓"破三关"：

1. 初关：要能超凡入圣。
2. 重关：要能入圣回凡。也就是净土宗所说的乘愿再来，广度众生。
3. 牢关：凡圣俱泯。就是不着有，不着空，空有一如，一切都在平等之中。

（八）四禅八定

"四禅"是色界天的四种禅定境界；"八定"是指色界天

的四禅境界，与无色界天的四无色定境界，合称为"八定"，因此"八定"其实包括了"四禅"。

四与八并举，是因为"色界"与"无色界"相对，在色界为"禅"，在无色界为"定"；若以色界、无色界相对于欲界之"散"，则色及无色二界，都称为"定"，所以合色界之"四禅定"与无色界之"四无色定"，而称之为"八定"。

四禅分别是：

1. 初禅：清净心中，诸漏不动，也就是消除种种烦恼欲望，到达无忧无欲的境界，便是初禅。

2. 二禅：离初禅之寻伺尘浊之法，其内之信相明净，亦即无寻无伺，无觉无观，自然得到一种"欢喜"，便是第二禅。

3. 三禅：离第二禅之欢喜，只有一种心平气和的静妙之乐，故又称离喜妙乐地。

4. 四禅：连静妙之乐都没有了，唯有与舍受相应的意识活动，便到第四禅。

四无色定为：

1. 空无边处定：超越色界之第四禅，灭除与眼识相应的诸色想，与耳、鼻、舌、身等四识相应之有对想及所有不善想，乃至灭除障碍定之一切想而思维空无边之定相。

2. 识无边处定：以识心遍缘虚空，而虚空无边，以无边故，定心复散，于是即舍虚空，转心缘识，与识相应，心定不动，现在过去未来之识悉现定中，与定相应，心不分散。此定安隐，清净寂静，称为识处天定。

3. 无所有处定：舍识处，专系心于无所有处，精勤不懈，一心内净，怡然寂静，诸想不起，称为无所有处天定。

4. 非想非非想处定：前识处为有想，无所有处为无想；舍前有想，名非想，舍前无想，名非非想。也就是不见有无相貌，泯然寂绝，清净无为，三界定相，无有过者，称为非想非非想处天定。

四禅八定是世间定，也是禅定的基础，佛陀在成道和涅槃时，都曾依这些禅定功夫作为助缘，所以其重要性不可忽视。

（九）止观双修

"止"是停止、止息的意思，就是停止一切的心念而住于无念之中；摒除一切的妄想，令生正定的智慧。"观"是观想、贯穿的意思，也就是止息散乱的妄想之后，进一步观想诸法，以发真智，彻悟诸法实相的本体。

止息一切诸法妄念，为静态、消极性的不造作，也就是禅定门；观想缘境、观想光明，为动态、积极性的再用功，为智慧门。此二者如车之两轮、鸟之双翼，为求道者修禅发慧之要门。

（十）因缘观

"因缘观"是对治愚痴、启发智慧的观法。参禅打坐不是要贪求寂静的享乐，在寂静中要能观照才能产生智慧。观照十二因缘，一念中就具有十二因缘，好比当下现在的一念，也是由于前面一念而来，前一念和后一念，息息相关。生命中任何一件事情，也都是有前因后果的，都是一人与众人相关，一事与他事相连，都有它的因和缘，前因造后果，后果又再成为其他的因，这样不断的继续衍生。看清楚这些因缘，就能懂得世间的实相，所以观因缘能生智慧。

一般人大都以为禅的修炼，一定要如老僧入定，眼观鼻，鼻观心，这样才叫"参禅"。其实，六祖大师说："道由心悟，岂在坐也?"又说："生来坐不卧，死去卧不坐。"禅，是不能从坐卧之相去计较的。你会禅，则行住坐卧，搬柴运水，乃至扬眉瞬目，一举一动，都可以顿悟，都可以见性。如永嘉大师说："行也禅，坐也禅，语默动静体安然。"对真正的禅者而言，在日常生活中，禅是触目即是，无所不在。因此，人间佛教重视的是"生活禅"，我们主张：

1. 禅修的思想：在于平常、平实、平衡的意境涵养，但尽凡心，别无圣解。

2. 禅修的内涵：在于信心、道心、悲心的长养增进，不变随缘，慈悲喜舍。

3. 禅修的生活：在于规律、简朴、惜福的用心实践，依戒生活，知足淡泊。

4. 禅修的精神：在于承担、无畏、精进的落实行履，自心是佛，直下承担。

5. 禅修的运用：在于生活、生趣、生机的权变妙用，触处皆道，机趣无限。

禅的精神，并不局限于打坐的禅堂，在二十四小时之中，举手投足，扬眉瞬目，都充满了禅的妙趣；禅的消息，并不仅仅在敛目观心的禅定中，日常的着衣吃饭、走路睡觉，都透露着禅的妙机。

禅在日常的生活起居，平时的行住坐卧之间都有禅。惠能八月春碓，亲自作务，实为他进入悟道的不二法门。

有源律师请教大珠慧海禅师道："如何秘密用功？"

大珠道："饥时吃饭，困时睡觉。"

源律师不解地说道："那每一个人每天都在修行？"

大珠道："不同！别人吃饭，挑肥拣瘦，不肯吃饱；别人睡觉，胡思乱想，万般计较。"

有人问法华山的全举禅师："当初佛陀勉励弟子们要发四弘誓愿，请问禅师：你的弘愿是什么呢？"

全举禅师回答："你问起我的四弘誓愿，我是'饥来要吃饭，寒来要添衣，困时伸脚睡，热处要风吹'，我肚子饿了要吃饭，天冷了要穿衣，疲倦时伸腿就睡觉，天热就想吹吹风，你看如何？"

禅不是离开生活，也不是闭关到深山里自我了断，而是在言行动静中修道，在生活上自然表现出平常心，不起分别妄念；能从琐碎的事事物物中，以整个身心去参透宇宙的无限奥妙，则随时随地生活里都有禅。

雪峰、岩头、钦山等禅师三人结伴四处参访、弘法。有一天行脚经过一条河流的路边，正计划要到何处托钵乞食时，看到河中从上游漂流一片很新鲜的菜叶。

钦山说："你们看，河流中有菜叶漂流，可见上游有人居住，我们再向上游走，就会有人家了。"

岩头说："这么完好的一片菜叶，竟如此让它流走，实在可惜！"

雪峰说："如此不惜福的村民，不值得教化，我们还是到别的村庄去乞化吧！"当他们三人你一句、我一句地在谈论时，看到一个人匆匆从上游那边跑来，问道："师父！您们有没有看到水中有一片菜叶流过？因我刚刚洗菜时，不小心一片菜叶被水冲走了。我现在正在追寻那片流失的菜叶，不然实在太可惜了。"雪峰等三人听后，哈哈大笑，不约而同地说道："我们就到他家去弘法挂单吧！"

禅是遍一切处，参禅的方法很多，现在只举四十法，供大家作为日常修学禅法之参考：

1. 饮食禅：过去禅师每有学僧问道，总说："吃饭去！"吃过饭就说："洗钵去。"禅不在别处，只在行住坐卧，喝茶吃饭之中，因为离开了生活，就把禅定架空了。

2. 随他禅：有一位年轻女子到寺院参禅，忽然家中传来讯息，说她考取国外留学，入学通知单已经寄来了，女子看也不看，说："不管他！随他去！"过不了几天，又有消息传来："家中失火了！"她说："不管他！随他去！"一切都随他去，火烧眉毛也不管他；不管他、随他去，禅就在当下。

3. 放下禅：有一个五通外道想跟佛陀请法，他手上拿着两个花瓶去见佛陀。佛陀一见就对他说："放下！"他随即放下右手的花瓶。佛陀再说："放下！"他赶快把左手的花瓶也放下。佛陀又说："放下！"外道说："我手上的两个花瓶都放下了，还要放下什么呢？"佛陀说："我叫你放下的是心中的成见。"放下，就是禅。

4. 观佛禅：坐禅时，观想佛像的姿态之美，例如佛的慈悲、微笑、说法的样子，把佛像观得历历在目，甚至观想佛像的眼睛是睁开的，是有表情的，是会说话的活佛，这是观"佛"，不是观"相"而已。

5. 光明禅：观想佛像的通身放射光明，如十六观经一般，观到自己的眼前都是一片光明，影响所及，不仅走路、做事都有光明，甚至连睡觉都在光明里。

6. 茶艺禅：禅有禅的味道，茶也有茶的道，每次泡茶时，茶水的冷热、多少、苦涩、浓淡，都能掌握得恰到好处，所谓"茶禅一味"，能够把茶泡得炉火纯青、清淡入味，就是有禅了。

7. 狮吼禅：所谓"高高山顶立，深深海底行"，有时候站上山顶高峰，一个人尽情地唱诵梵呗，或是随意念佛，甚至狮吼一声，胸中豁然以明，大地山河，宇宙世界，都在刹那之间与身心融为一体。

8. 因缘禅：观看因缘，了解世间一切都不能单独存在，必须具备地、水、火、风等因缘才能生起。因为一切都是因缘所生法，所以随着缘生缘灭，来的让它来，去的让它去，心中无有挂碍，坦然自在，这就是禅的妙用。

9. 生死禅：贪生怕死，人之常情，但是禅者对于生死有不二的看法，因为没有生，哪里会死？没有死，哪里会再生呢？了悟生死一如，就不为生死所动，这就是禅。

10. 无我禅：执著 "我"，当然没有禅；把 "我" 去除，超越一切人我对待，当下就能见出一点消息。

11. 公案禅：佛教虽然主张不要 "拾人牙慧"，不一定要以古人的方法是从，但是对于一些初学者，也要有一些慧解的根据，才能找到一个下手处。

12. 话头禅：参一句 "念佛是谁"，或是 "父母未生我的本来面目是什么"？紧紧扣住，用心去参，参到天地阔然粉碎，就能见到自己的本来面目了。

13. 行脚禅：古代的高僧大德，不远千里寻师访道，参访云游，只为大事未明。例如，赵州禅师 "八十犹行脚"，只为 "心头未悄然"，虽然 "及至归来无一事，始知空费草鞋钱"，但实际上还是有代价的。

14. 作务禅：百丈禅师的 "搬柴运水，无非是禅"、"一日不作，一日不食"，禅不是不做事，日本禅师在庭院里拔除草地上的枯草，他如果使用除草机，那就不是参禅了。禅就是一点一点地，从寻常作务中磨炼出身心一致，内外一如，所以历代禅宗的祖师如六祖舂米、临济栽松、仰山牧牛、玄沙砍柴，出坡作务，就是禅。

15. 林下禅：林中参禅，如阿难在林间习定，须菩提于树下宴坐，体会甚深的空义；甚至佛陀当初也是在菩提树下，夜睹明星而开悟成佛。能在丛林树下参禅，与万千众生在一起，感受如树木之不动的静谧，心灵必能有另一番超然物外的体会。

16. 山水禅：中国禅宗祖师以大自然的山林水边为禅房，

所谓"参禅何须山水地，灭却心头火自凉"，只要心头澄明，山林水边，危崖火窟，何处不能参禅。

17. 洞中禅：所谓"春有百花秋有月，夏有凉风冬有雪，若无闲事挂心头，便是人间好时节"。在山洞坐禅，双腿一盘，看似与外界隔绝，其实三千大千世界都在胸豁之中，正是洞中别有天地。

18. 专注禅：把身心融入一个目标上，集中心念，专注用功，如《佛遗教经》说："制心一处，无事不办。"

19. 念佛禅：念佛也是禅，如《阿弥陀经》说"一心念佛"。念佛能念到一心不乱，那不就是禅了吗？

20. 明心禅：参禅的目的，无非是要明心见性，我们千古以来在生死里轮回，就是因为不能明白自心，假如能参透一点禅的讯息，则"千年暗室，一灯即明"。

21. 悟道禅：禅者不一定天天想要成佛做祖，禅者最大的目的，就是要悟道，南宋张九成参柏树子公案，听到蛙鸣，大大省悟："春天月下一声蛙，撞破乾坤共一家，正恁么（这样）时谁会得，岭头脚痛有玄沙。"只要能悟道，就能扩大我们无限的心胸法界。

22. 事理禅："道"要在生活中求，理中不可废事，才能理事圆融。世间上，有的人"通情不通理"，有的人"讲理忽略事"，如能参透《华严经》的"事理无碍"法界，那就是一个禅者。

23. 快乐禅：日本的坦山禅师，每日参禅都说："快乐啊！快乐啊！"有一天，被人把他往水中一丢，他即刻说：

"痛苦喔！痛苦喔！"后来有人把他救起，笑问他："你不是很快乐吗？"他说："没有快乐，哪知道痛苦呢？"同样的，没有痛苦，怎么会知道快乐呢？

24. 感恩禅：参禅就是改心，就是改变观念。坐禅时，能够每天心存感恩，感恩佛陀，感恩周遭一切人等；心中充满感恩，心境自能升华、提升，而感时时与佛同在。

25. 佛心禅：我心是佛，佛心是我，心佛一如。如果禅者能悟到"佛不离心"，直下承担"我是佛"，则世间无事不能一肩担待。

26. 自在禅：参禅的目的，在于开悟、解脱、自在。观自在菩萨"照见五蕴皆空"，所以"度一切苦厄"。禅者如何才能自在呢？只要观人自在、观事自在、观境自在、观心自在，则无时无处不能逍遥自在。

27. 安闲禅：生活中，懂得安闲、自在，就是禅。安闲不是生活中什么事都没有，而是在纷扰的世界里，心能如如不动，如果能在忙碌的生活中，人忙心不忙，忙而不乱，那就是禅。

28. 静中禅：禅者的气质，如一朵花，如一株草，静静地开放，默默地成长，所表现出宁静、祥和、安忍的气质，这就是禅定的境界。

29. 动中禅：所谓"打得念头死，许汝法身活"。去除散乱的妄念，才能浮现清晰的智慧。平时在忙碌动荡的生活中，能够安然自在，就是禅定力量的表现，所以禅要在"静中养成，动中磨炼"。

30. 书中禅："书中自有黄金屋，书中自有颜如玉"，能够浸淫在诗书字画里，不断变化气质、净化身心，那也能走进禅的世界。

31. 诗文禅：禅虽然不立语言文字，但古代的文人雅士，他们的诗文，都能表达禅意，如苏东坡、王维等，在禅师的禅诗里，信手拈来，都有禅。

32. 梵呗禅：梵呗就如现代的音乐，可以拉近人际之间的关系，尤其随着如天籁般幽雅和婉的梵音，可以让人胸襟开阔，心地澄澈，身心泯然与天地自然融和，所以古来不少人从佛教的梵呗中开悟，呗禅师就是一例。

33. 棋艺禅：中国的围棋、象棋，西方的桥牌，如果除去对胜负的执著，而能取其集中思想，深入分别中的无分别，那也是接近禅的境界了。

34. 问道禅：参禅，要不断地"问"，不断地"参"，所以小参、普参，甚至千山万水，到处参访问道，从请法问道中，只要一开口，就知道有没有。

35. 人间禅：有一个禅者，在禅堂坐禅两年，一日走到大街上，忽然悟道，他深刻体会到："一个禅者，如果没有头顶青天，脚踩大地，在车水马龙里没有心怀众生，他就不配做一个禅师。"

36. 义工禅：义工可以从事行善的工作，也可以做一个参禅的行者，如果在从事义工当中，心思集中，意念统一，人我双亡，利害不计，所谓"欲作佛门龙象，先作众生马牛"，为人服务，发心奉献，福德因缘具足，自然就会有禅心了。

37. 共修禅：一个人，在居家斗室里可以打坐参禅，在团体的禅堂里，也可以与大众互相切磋砥砺，只要时间因缘一到，内外相应，也就不浪费生活供养了。

38. 跑香禅：所谓坐也禅，行也禅，在禅堂跑香，人虽多而不乱，大众行进安详有序，举足动作轻缓无声，尤其跑香的时候，人人专心照顾脚下，真是每一步都在走向禅的世界里。

39. 礼拜禅：拜佛时，一心顶礼，心无杂念，把身口意集中一致，拜到我与佛无二无异，那也是初学入道的途径。

40. 无声禅：禅者是住在无声的世界里，有声的世界总是纷扰的，如果禅者锻炼自己，眼中无花花世界，耳中无喧哝杂音，心中无起伏妄念，则禅的消息已经接近了。

以上只是基于禅本来就很有人间性，古来的禅师莫不从生活作务中参禅悟道，但是后来慢慢走了样，成为枯木禅、小乘禅，因此现在"人间佛教的定学"，重新又再提出一些生活的禅修法门，只是希望为人间散播一点禅的种子，祈愿人间佛教的生活禅能如一把钥匙，开启世人迷蒙的心灵。不过，佛教所谓八万四千法门，岂止如此而已，只是法门再多，也要看大家如何心领神会了。

总之，古德说："搬柴运水无非是禅。"在每一个人的生活里面，穿衣吃饭可以参禅，走路睡觉可以参禅，甚至上厕所都可以参禅。譬如《金刚经》描写佛陀穿衣、持钵、乞食的般若生活风光，一样是穿衣吃饭，但是有了禅悟，一个觉者的生活，其意义与境界，和凡夫就判然不同了。

所以，佛法不离世间法，修禅也不需要离开团体，离开大众，独自到深山古寺去苦参；禅与世间并不脱节，如前所说："参禅何须山水地，灭却心头火自凉。"只要把心头的嗔恨怒火熄灭，何处不是清凉的山水地？何处不能"热闹场中做道场"呢？

禅诗有云："达摩西来一字无，全凭心地用功夫；若要纸上谈人我，笔影蘸干洞庭湖。"禅是需要去实践，而不是在嘴上谈论的。古代禅师的棒喝，那是在教禅；禅者的扬眉瞬目，那也是论禅；一日不作，一日不食，这是在参禅；赵州八十行脚，这是在修禅。这些典型，都留给后人很大启示。

我自己过去在丛林参禅，虽然不是很有心得，但在禅门宗下接受多年的教育，偶尔也能接触到一点禅意，因此平日生活也能用禅心来面对一些义理人情，例如：

1. 佛光山开山初期，经济拮据，一些徒弟想要补牙，送来报账单，一些执事为了省钱，都主张要节俭，但是我说："尽管不能说一口好话，拥有一口好牙还是需要的。"

2. 多前年在荣总准备做心脏手术，开刀前医生问我："你怕死吗？"我说："死不怕，怕痛。"事后郑石岩教授问我："大师，您在手术的时候看到谁？"我说："看到大众！"

3. 一九八九年我率领"国际佛教促进会大陆弘法探亲团"到大陆弘法探亲，大陆《苦恋》的作者白桦问我："大陆现在最大的进步是什么？"我说："改革！"

4. 有一段时间台湾社会乱象纷呈，电视"新闻广场"节目邀请我上节目接受访问，主持人李涛希望我用一句话说明"如何改善社会乱象"？我说："人人心中有佛！"

5. 二〇〇〇年佛光山在澳洲的南天讲堂落成，我前往主持佛像开光法会，当天应邀出席的澳洲国会议员罗斯·喀麦隆（Ross Cameron）问我："世界上的宗教领袖当中，哪一个最好？"我说："你欢喜的那个，就是最好！"

6. 二〇〇二年新春，我发起台湾佛教界共同从大陆恭迎佛指舍利到台湾，借助宗教促进海峡两岸的互动交流。当时香港凤凰卫星电台王尚志记者问我："今后您一定还会扮演重要的角色，您希望人们以后如何看待您？"我回答他："看我是一个普通的和尚就好了，我只是一个出家人而已。"

同年三月三十一日，佛指舍利莅台供奉三十七天后恭送返回西安法门寺。抵达西安咸阳机场时，记者问我："您现在想说的第一句话是什么？"我说："功德圆满。"

7. 平时有一些游客到佛光山参观，在看过大佛城后，常以不屑的口气说："佛光山都是水泥文化，佛像都是水泥做的。"我说："我们只看到佛祖，没有看到水泥。"

8. 早在民国四十多年（一九五〇年代），台湾戒严时期，民众不能随意集会，当时我每次下乡弘法布教，总有一些警察前往取缔。有一次我正在开示，警察又来干扰，他喝令我："叫他们解散！"我回答他："等我讲完，他们自动会解散。"

9. 有一次，澳洲一位邹晓鹰先生问我："不知大师的佛法是资本主义还是共产主义？"我说："就是佛教主义啊！"

10. 二〇〇二年，新闻局主办"媒体环保日"活动，《联合报》梁玉芳记者访问时，问我："对现代媒体有何看法?"
我回答她："有时不听、不看，也是满快乐的!"

此外，也常有人问我："有外星人吗?"

我说："阿弥陀佛等都是!"

"你怎么都不会老?"

我说："没有时间老!"

"世间上，爱情、自由、生命、财产，何者重要?"

我说："佛法、因缘最重要。"

"四大菩萨在哪?"

我说："观音菩萨在慈悲里；地藏菩萨在愿力里；文殊菩萨在智慧里；普贤菩萨在实践里。"

其实，禅不是供我们谈论研究的，禅是改善我们生活的。有了禅，就富有三千大千世界；有了禅，就能生活。禅可以当饭吃，禅也能当衣服穿，例如有名的大梅法常禅师说："一池荷叶衣无尽，数株松花食有余。"禅者栖身心于大千世界，敝衣蔬食都可以果腹御寒；禅师们和大自然结合在一起，随缘放旷，任运逍遥，禅，就是一个"自然"。

参禅，主要的就是要把禅活用起来，在我们的生活里，如果能把禅活用的话，那就是我们的灵巧，我们的智慧；我们的生活中如果能有禅、有智慧，人生的味道就不一样了。

在禅门里，修证是各人自己的事，修得一分，就真正体验一分。如果只是在理论上说食数宝，或只是一味地人云亦云，是不会有效果的；唯有透过实践，才不失去佛教的真实意义，才能把握到禅的风光。譬如牵引一匹饥渴的马，到水源处喝水，如果这匹马不开口，只有饥渴而死。同样的，三藏十二部经典只是指引我们通往真理的罗盘，我们"如是知"之后，就要"如是行"，才能喝到甘露法水。所以说："如人饮水，冷暖自知。"要了解什么是佛法？什么是禅？唯有亲自去参证，实际去修行，别人是绝对无法如实告诉你的。

三、定的妙用——不随境转，自我提升

人在世间生活，离不开家庭眷属、社会人群，也离不开金钱、财富等物质生活。所谓"五欲六尘"，就是财、色、名、食、睡，色、声、香、味、触、法，等等；凡夫居处世间生活，给我们压力最重、最难处理的，就是"尘劳妄想"。也就是心外有"五欲六尘"的诱惑、染污，心内有贪欲、嗔恨、愚痴等三毒的扰乱、迷惑。所以，佛教徒为什么要修行？为什么要参禅？就是为了要作"心理建设"、"精神武装"，要增强心里的力量；心里有了力量，如同作战，有了"城墙"、"盔甲"，才能打仗御敌。

面对五欲六尘、贪嗔愚痴等"尘劳妄想"，我们要如何对治呢？《金刚经》说："不于色声香味触法生心。"就是要我们不要把心安住在"六尘"上面，不要在"相"上执著。因为"我相"、"人相"、"众生相"、"寿者相"都是虚幻不实的；色、声、香、味、触、法等"六尘"都是染污的。一个人如果在"境界"上有了"贪心",有了"执著",有了"挂念";"心念"上有了"人我"、"贪着",就会生起"邪见",一切"尘劳妄想"自然由此产生。因此,《金刚经》又说"无住生心",心能"无住",才能抵挡"五欲六尘",才能"随心自在"。

"无住"之心,就是禅心,就是禅的智慧。禅就是自觉、是生活、是自然、是空无。有一位道树禅师,他和徒众建了一所寺院,正好与道士的庙观为邻。庙观里的道士放不下观旁的这所佛寺,因此每天运用神通法术,时而"呼风唤雨",时而"撒豆成兵",用以扰乱、恐吓寺院里的修道者。寺院里一些年轻初学的沙弥都被吓走了,可是道树禅师却一住就是十几年。到最后,道士的法术用尽了,一气之下,只好把庙观迁移他去。

有人就问道树禅师:"禅师!道士们神通广大,法力无边,你是如何能胜过他们的呢?"

禅师说:"我没有什么能胜他们的,勉强说,只有一个'无'字能胜他们。"

"无,怎么能胜他们呢?"

道树禅师说:"道士们有法术、有神通,'有'是有限、有量、有尽、有边;而我无法术,我只有一个'无心','无'是无限、无量、无边、无尽。无和有的关系,是不变应万变,我的'无变'当然胜过'有变'了。"

所谓"色不迷人,人自迷",对付"尘劳妄想"最好的办法,就是"无心",就是"不动心"。"无"心,就是

"禅"心；有"禅"有"定"，自然一了百了。因此只要"无心"，只要有"禅"的修持，面对荣华富贵，正好可以用来行善布施，修菩萨道；遭逢艰难困苦，正好可以给我们好好磨炼身心，锻炼意志。因为世间多"苦"、多"难"，更能让我们看淡"世情"，看淡"尘劳虚假"，所以世间的一切，你不贪求、不执取，则面对"称、讥、毁、誉、利、衰、苦、乐"等八种境界的"风"，也就能不动心，因为有"禅"，就有"力量"。

一个人身体有力量，才能背负生活上的重担；心里有力量，才能抵御世间的各种烦恼、苦难、忧患、横逆等。身心的力量要如何产生呢？佛经里告诉我们，有四种"力量"是必须具备的。首先要有"胜解"的力量，胜解就是"了解"问题，对问题要有"透彻"而"殊胜"的了解。所谓"知难行易"，能够真正"了解"问题以后，要实"行"就不为难，因此"胜解"就是力量。

其次要有"欢喜"的力量。欢喜就是一种"乐观"的性格，读书，要"欢欢喜喜"地读书；工作，要"欢欢喜喜"地工作；服务，要"欢欢喜喜"地服务；布施，要"欢欢喜喜"地布施。因为"欢喜"才有力量，如果凡事都是心不甘、情不愿的，就不会有"力量"了。

再者要有"休息"的力量。俗语说："休息是为了走更远的路。"有时候担子挑久了，"休息"一下，就能恢复体力；打球，下场"休息"一下，就会有"力量"继续冲刺。

最后就是要有"静观"的力量。静观就是禅定的功夫，有了禅定，我们的心就不会轻易被"境界"所转；我们的心"不随境转"，就能"转境"，心能转境，就有力量。

禅是个神妙的东西，一旦发挥功用，则活泼自然，在生活中洞彻明白，不在物质上牵挂，人间到处充满生命力，更可以扭转现代人生活的错乱。所以，禅能转迷为悟，转邪为正，转小为大，转苦为乐。

现代人的生活，普遍以追求感官的刺激为快乐，其实禅者闭起眼睛来观照禅心，那才是快乐的泉源。例如佛陀的堂弟跋提王子，出家后和两个同参道友在山林里参禅打坐。有一天，不知不觉中，三个人异口同声地喊出："快乐啊！快乐啊！"

佛陀听到了，就问："你们刚才一直叫'快乐啊！快乐啊！'什么事让你们这么快乐呢?"

跋提比丘说："佛陀啊！想当初，我住在高墙深院的王宫里，每天吃的是珍馐美味，穿的是绫罗锦缎，多少卫兵日夜保护着我，但是我仍然感到恐惧，好像有人要行刺我，每天都在不安的情绪里生活。现在出家了，参禅了，吃的东西虽然素简，却甘美饱腹；住的地方虽然是林间树下，却觉得好安全，好自在，所以忍不住欢喜得叫了出来。"

跋提比丘体会的就是禅定中的快乐，定中所享受的不是五欲六尘带来的感官之乐，禅者入定后所获得的禅悦法喜，不会受时空迁流而变化。因此，禅定之乐不像现实人生里，有人以为爱情最快乐，但是爱情像花朵一样，虽然美丽芬芳，却不能长久；爱情像柿子、菠萝一样，虽然也有那么一点甜味，但是甜味里有酸、有苦，也有涩！爱情好像是南北极一样，有时候情欲炽燃热如火，热得我们头昏脑涨，不能自已；有时候爱恨交织冷如冰，让人觉得人生没有意思。

也有人说：世间不一定要有爱情，金钱一样使人快乐。但是金钱并非万能，金钱可以买一切山珍海味，却买不到健康的食欲；金钱可以买到高级化妆品，漂亮流行的服饰，却买不到优雅的气质；金钱可以买名贵的床铺，却买不到安心的睡眠；金钱可以买千万本书籍，却不能买到智慧；金钱可以堆砌权势，却得不到众人的敬重。尤其，世间的财富乃"五家"所共有，所谓"荣华总是三更梦，富贵还同九月霜"，因此爱情、金钱，甚至名位、权势，都不能长久，也不是快乐的泉源；真正的快乐，就是生活里有禅味。

禅，是一种艺术生活，更是一种圆融的生命。禅，是每一个人自然天成的本来面目；禅，是平等的、普遍的，是亘古今而不变的自家宝藏。禅，并非要人人都能成佛，主要的是要我们开悟！

开悟就是"明心见性"，就是"认识自己"。一般人在日常生活里，常为人我是非、好坏有无、苦乐荣辱而动心，甚至为别人的一句话、一个眼神、一个动作而起念动心，这都是不能认识自己；因为不能认识自己，因此不能自由、自在、自主地生活。

一般学佛修行的人，平时听经闻法，对于佛法的道理好像有所认识，有所体悟。但是境界一来，就迷惑了，这就是"说时似悟，对境生迷"。因此，佛教主张"解行并重"，不仅要"说时似悟",尤其境界来的时候,要能不动心。

参禅悟道首先要学不动心,这是非常重要的。著名的哲学家方东美博士,平生喜爱游泳。有一次在游泳时,忽然身子往水底下沉。在求生的本能下,他拼命地挣扎。但是愈挣扎,愈是往下沉,眼看着即将遭到灭顶。这时他平静一想:"我是个哲学家,对于生死应该看开才是,如此求生怕死的样子太难看了,一个哲学家,死也要死得洒脱一点啊!"

如此一想,心情轻松许多,四肢也自然放轻松,结果反倒浮出水面而生还。

不动心是一种力量,不动心是一种至高的修行境界。白云守端在杨岐方会禅师处参禅时,久久不悟,杨岐挂念,很想方便开导。有一天,杨岐方会禅师问守端以前拜过谁为老师,守端回答:"茶陵郁山主。"

杨岐又问道:"我听说茶陵郁山主是因为跌了一跤而大悟,写了一首偈,你知道吗?"

白云守端说:"我知道!那首诗偈是这样的:'我有明珠一颗,久被尘劳关锁;今朝尘尽光生,照破山河万朵。'"

杨岐听了之后,便发出怪声,呵呵地笑着走了。守端却因方会禅师的一笑,饭食不思,整夜失眠。第二天便到法堂请示方会禅师,为何一听到茶陵郁山主的诗偈便发笑不已。

杨岐不回答问题,反问道:"昨天下午你可看到寺院前,马戏班玩猴把戏的小丑吗?"

守端说:"看到了。"

杨岐这时候才说:"你在某方面实在不如一个小丑。"

守端讶然："为什么呢?"

杨岐说："因为小丑的种种动作，就是希望自己博得别人一笑，而你却怕别人笑。"

一个人的自我认识不够，心中不能自主，就会经常受外境的影响。别人的一句赞美，自己就会洋洋得意；别人的一句谤言，自己就会怨恨嗔怒。所以自己喜乐忧苦，全为别人左右，可以说已经全然失去了自己。

因此，这个世间有我有你，即有对待，就是不空；有凡有佛，就有差别，不能平等。禅要从对待中平等，从差别中统一，那才是禅的般若。

般若者，禅心也，光照大千，即是禅的妙用。一个人生活中有禅，就可以发挥很大的妙用，他能让我们即使处在动乱的时代，面对忧患的人生，也能少烦少恼，安忍不动。因为有了禅定的智慧，对于是非、好坏、利害、得失、有无、多少、生死、荣辱等，乃至面对艰难、困苦、横逆、挫折，都能对境不起心。当我们的心能够不被境界所转，就能如《楞严经》所说："若能转物，则同如来。"所以，有了禅定的功夫，不随境转，一切随他去，凡事不管他，世界就不一样了。

我自己一生，一甲子以上的出家生活，回想起来，十二岁刚出家时，所接受的是"不听不闻"的关闭式教育，是"以无理对有理，以无情对有情"的打骂教育，但是对于这一切，我都以"想当然尔"的心欢喜接受，没有怀疑、没有怨恨，也没有不平。直到二十岁正式步上弘法之路后，多年来受到的排挤、打压、误会、毁谤、伤害，不曾间断，虽然也曾感到气愤、不平，对一些荣辱毁誉多少也有所挂碍，但是经过六十多年在佛法里的历练、养成，我自觉自己现在对利害、得失、有无，已经看得很淡然，心中既没有怨恨、不平、恩仇、贪嗔等，对于毁誉荣辱也不计较，更不会挂碍生死，只觉得对世间的是非、好坏、想法，好像又回到童年一样，一切仍然是"想当然尔"。

我总觉得，世间无常，你要世界不改变是不可能的，只要自己的心不随外境改变就好；世间的人我是非，好坏有无，纷纭扰攘，你要改变世界也很难，只有改变自己才是最好的办法。所以我平常很喜欢跟信徒讲"小狗汪汪叫"的故事：

有一个青年新婚不久，逢人就说结婚真好，因为每天下班回到家，打开家门，妻子就忙着帮他拿拖鞋，小狗也亲热地围着汪汪叫。

三年后情况改变了，每天回到家，不是妻子帮他拿拖鞋，是小狗为他衔拖鞋；不是小狗围着汪汪叫，而是妻子对他唠叨不停。他感到极为苦闷、无奈，就到寺院去请教法师。

法师听完他的倾诉后，说："很好呀！你应该继续快乐才对啊，你的生活里还是一样有拖鞋穿，一样有声音叫，你的生活并没有改变呀！再说，不管环境怎么改变，只要你的心不变就好了！"

心不被境转，就是禅定的功夫。平时我们参禅打坐，即使没有入定，也没有开悟，但是当你双腿一盘，双眼一闭，坐禅之乐从心涌出，如此"坐下就是天堂，安住就是道场"。

如果进一步对禅坐有所体验而开阔心胸，则有时候即使吃一点亏，受一点委屈，也觉得还好。例如富楼那要到蛮荒的输卢那国去教化粗犷的人民，佛陀虽然赞许他弘法的热忱，仍委婉地告诉他："富楼那！那个地方文化未开，民风暴戾，老百姓野蛮粗鲁，弘法布教很困难，你最好不要前去。"

富楼那信心百倍地回答："正因为输卢那国的人性凶恶，人民知识浅薄，弟子更要前往将佛法传给他们。"

"话虽如此，但是当地的人民不但不接受你的佛法，并且会破口恶骂你。"

"佛陀！他们骂我，又不痛不痒，只要他们不打我就好了。"

"万一他们用棍棒、瓦石打你呢？"

"那也没有关系，只要不将我打死，让我一息尚存，我还能宣扬如来的圣教。"

"如果他们穷凶恶极地把你打死呢？"

富楼那意志坚决，毕恭毕敬地回答佛陀说："佛陀！即使他们把我打死了，也没有遗憾！我身为您的弟子，有机会将生命供养佛陀，为真理而牺牲，我将衷心感谢输卢那国的老百姓完成我弘道的心愿！"

这就是罗汉的修行，就是一种定境。这也说明，禅者悟道的生活，是绝对大慈大悲，担负众生困苦的救世生活。所以参禅修道，不是只顾自己享受禅悦法乐，应该心怀众生，要不断自我提升。

赵州禅师问南泉禅师说：

"你将来要到哪里去?"

南泉回答说:"投生员外家做水牯牛。"

所谓"欲作佛门龙象,先作众生马牛。"禅者修行不能光是为自己,一定要像菩萨那样以大慈、大悲、大热忱来对待众生,不可做自私的自了汉,所以在修持上,要能自我观照,反求诸己;自我更新,不断净化;自我实践,不向外求;自我离相,不计内外。

禅的修行既不在"眼观鼻、鼻观心",更不能"三冬无暖气,枯木倚寒岩"。禅,要我们不住生死,亦不住涅槃。不住生死,是以般若智来超越轮回;不住涅槃,是以慈悲心来服务人群。因此,习禅不可忽视持清净戒,修慈悲心。能持净戒,身心清净,则习定比较容易成就;具慈悲心,常怀悲悯,就不堕枯木禅境。

禅的修持,如果偏于"悲"者,滥用慈悲,反成障道因缘;偏于"智"者,沉空滞寂,陷入冷酷无情,所以必须"悲智双运",才是合乎"中道"的修持。

一般人以为出家人勘破红尘,过着青灯古佛的生活,是消极避世的悲观做法,其实出家人是勘破尘嚣的虚假空幻,放下浮世的巧争利夺,而积极追求更超脱真实的生命。所谓"勘破、放下"不是退缩逃避,而是勇往直前、积极投入真理之旅的壮举。唯有勘得破、看得透,才能真正提得起、做得真,先有出世的了悟心怀,才能做入世的慈悲事业。

所以,禅者不能耽溺于禅定之乐,要发起救度众生,让他们同享法乐的菩提心,要如《金刚经》所说:"若卵生、若胎生、若湿生、若化生、若有色、若无色、若有想、若无想、若非有想非无想，我皆令入无余涅槃而灭度之……"这才是人间佛教的禅者。

人间佛教的禅者，参禅修道都不离"四摄法"度众，亦即：布施，令众生身心无忧；爱语，令众生发大信心；同事，令众生信受法义；利行，令众生入佛之智。

对人间佛教的禅者来说，禅是绝对的超越，绝对的自尊，所谓"佛之一字，永不喜闻"、"魔来魔斩，佛来佛斩"，丝毫不留一点情面。所以，真正的禅者，要有肯定自我、坐断乾坤、大死一番、权巧方便的气魄与修行。

人间佛教认为，禅就是净心，就是当下肯定自己，完成自己，所以真正的禅者要能不受权势、名位、情绪、生死所转。所谓"人能转境，不随境转"，所以参禅需要有生活的历练、体验与智慧；要能"百花丛里过，片叶不沾身"，也就是"处处无踪迹，声色外威仪"；凡事"提得起，放得下"，对于人情世故"来的让他来，去的让他去"，一切都"不管他，随他去"，就如"竹影扫阶尘不动，雁过寒潭水无痕"。如此"不随境转"之外，继而"提起忍的力量"，如《老拙歌》所说："有人骂老拙，老拙只说好，有人打老拙，老拙自睡倒。涕唾在面上，随他自干了。我也省气力，他也无烦恼。"如此生活，就是"般若的人生"。

有了般若智慧，自能体会禅的妙用。

禅，带给我们开悟、明理，把无明烦恼去了，感到人生何其美丽！因此禅门的开悟，如一湖清水，没有烦恼的波浪，看得清，看得透。

禅，就是智慧，就是灵巧，就是活用，就是幽默，就是慈悲。禅可以把我们的妄想烦恼止于无形。一句难堪的话，一个尴尬的场面，一些不悦的前尘往事，在禅的洒脱、幽默、勘破、逍遥之中，一切都能烟消云散。例如圆瑛大师的"不用打了，我自己会走"，何等洒脱自在；一休禅师的"背女人过河"，多么坦荡慈悲。

禅，就像一幅画，一把盐、一点味素；有了禅，人生会更美妙！

禅，就是我们的心，心中有禅，就如暗室里有了明灯，自然智慧开显。因此，心中有禅就能：

1. 观人自在，观心自在，观事自在，观境自在。
2. 身无邪行，口无恶说，心无乱想，正慧明了。
3. 知足淡泊，志乐寂静，不爱喧哗，简朴惜福。
4. 一切无求，矢志精进，专心定慧，心不谄曲。
5. 提起放下，哈哈一笑，潇洒看破，解脱自在。

所谓禅，就如万古长空，一朝风月。禅定里的时间，所谓"洞中方七日，世上几千年"。如太虚大师在普陀山闭关静修，有一天晚上打坐的时候，耳畔听到钟声"当！当!"低沉雄壮地响着，原来是寺院开大静养息的时刻。由于他专心一致，放下众缘，一直坐到第二天早上敲钟做早课的时候才出定。大师听着悠扬嘹亮的钟声，还以为是晚上睡觉的钟声。

年高一百二十岁才圆寂的虚云老和尚，七十多岁那年，驻锡于陕西翠微山，一日清晨，淘米下锅，盘起腿来等饭煮熟，哪里知道这一入定，就整整入定了一百八十天才出定。刚出定的时候还不知道时间，翻开埋在雪堆的锅盖一看，半年前煮的饭早已发霉腐烂了。

在禅的里面，没有时间的长短，没有空间的远近，没有人我的是非，刹那之中有永恒，一念之中有三千。所以禅者修定悟道以后，你挂念他年老，他说没有时间老；你要他旅行游览，他说法界皆在他的心中。因为禅者一悟以后，就能泯灭时空内外、自他对待。

其实内外、对待，实皆一如也。禅者看世间烦恼如流水，观人世横逆是涅槃；因为有禅，哪怕是短短的一瞬，也足够一生一世受用无尽了。

禅者的内心拥有宇宙三千，禅者的生活紧紧与大自然结合。自然界，大地山河、树木花草、日月星辰、和风雨露，都是我们的共财，拥有大自然，才是永远的财富。

禅者的生活简朴，不会对外攀缘，因为他的内心丰富，故能自在解脱。

所谓："衣单二斤半，洗脸两把半；吃饭三称念，过堂五观想。"禅者行云流水似的各处行脚、参访、教化，平日生活随缘而又简单，"口中吃得清和味，身上常穿百衲衣"，在清茶淡饭、粗布衣单的生活里，有着"富贵于我如浮云"的怡然自得。

所谓"木食草衣心似月，一生无念不思他；时人若问居何处，青山绿水是我家"，禅者栖身心于大千世界，蔬食果腹，草叶为衣，心如明月清净无染，一生不起杂念，也没有害人的心思，常以青山绿水为家。

所谓"禅悦酥酡微妙供，大千世界一禅床"，真正的禅者，禅就可以当食住。参禅参到欢喜了，无所住，也无所不住，常以禅悦为皈依，大千世界都是禅者的一个床。

禅者开悟之后的生活是精神重于物质的生活，是挣脱了物欲的牵系，住于尘劳五欲，但是却不被污染，追求无上理想世界的生活。懒融禅师煮石充饥，没有时间为俗人擦拭鼻涕；弘一大师"咸有咸的味道，淡有淡的味道"，恬淡知足。

一个有悟境的禅者，生命早已超然物外，不受物质的丰足或缺乏所系缚，贫穷未尝以为苦，富裕也不曾以为乐，觉得这样也好，那样也不错，如同慈航法师所说："只要自觉心安，东西南北都好。"不管物质好坏，境遇顺逆，精神一样愉快轻安。

禅师们随缘放旷，任性逍遥，摆脱物质尘劳的束缚，安住于丰富心灵世界的那种随遇而安、随缘度化的风采，为人间树立了圣贤的典范，就连赫赫尊荣的大清顺治皇帝也不禁称羡："天下丛林饭似山，钵盂到处任君餐，黄金白玉非为贵，唯有袈裟披肩难。"

其实，禅不是只属于少数的禅者所有，禅是人间的。禅，有如圆月光明，天上的圆月，光明却不露锋芒，柔和却不矫情。它遍照山河，没有偏私；它展现圆满，没有隐藏。

禅，是我们的自性。佛陀说"一切众生皆有佛性"，我们每个人都有自我的宝藏，也就是我们的真如佛性。只是一般人往往不识自家宝藏，每天随着"见闻觉知"不断追逐过眼烟云的功名利禄，执取虚幻不实的五欲六尘，任由我们的真心在五趣里流转，在六道里轮回，实在可惜！所幸我们的真心本性是不生不灭、不增不减的，因此尽管流转生死，本我的真心是不生不灭的。有朝一日，当我们有了禅定的觉观智慧，可以让我们的"见闻觉知"不随"境界"而转，自然就能转凡为圣，从而达到如下的境界：

第一，从凡夫"差别"的世界到圣贤"平等"的世界。凡夫所认识的世间是千差万别的；反之，圣贤看世间，一切皆平等，所谓"生佛平等、自他平等、有无平等、圣凡平等"，能用禅的"平等心"看待世间，诚所谓"愿将佛手双垂下，摸得人心一样平"。"平等"的世界，是最美好而真实的世界！

第二，从凡夫"动乱"的世界到圣贤"寂静"的世界。凡夫的世界因为有物欲尘劳，因此扰攘不安，"动荡"不已；相反的，圣贤追求的是禅悦法喜，是"寂静"无哗的生活。如果我们能把自己的身心安住在"寂静"里，就能真实认识世间。

第三，从凡夫"生灭"的世界到圣贤"涅槃"的世界。凡夫世间，生灭无常，不但有情世间有"生老病死"，器世间也有"生住异灭"、"成住坏空"。如果我们能"善分别"圣贤的"涅槃"世界，亦即灭绝"时空"对待、"人我"对待、"生死"对待,所谓"不生不灭"的真如世界,也就能认识诸法实相。

第四,从凡夫"垢秽"的世界到圣贤"清净"的世界。娑婆世界是个"五浊恶世",充满杀盗淫妄。如果我们有了禅观的智慧,能身行"不乱杀"、"不偷盗"、"不邪淫";口说"不妄语"、"不恶口"、"不两舌"、"不绮语";意想"不贪欲"、"不瞋毒"、"不愚痴",就能从凡夫"垢秽"的世界,到圣贤"清净"的世界,这才是真实的世界。

第五,从凡夫"缺陷"的世界到圣贤"圆满"的世界。凡夫世间,白天一半,夜晚一半;男人一半,女人一半;好人一半,坏人一半;佛一半,魔一半。凡夫世界充满缺陷,如果我们透过禅修,让自己"做人"圆满,"福慧"圆满,"修行"圆满,就能进入圣贤"常乐我净"的圆满世界。

第六,从凡夫"苦恼"的世界到圣贤"安乐"的世界。凡夫世间,充满生老病死、爱别离、怨憎会、求不得、五阴炽盛等各种忧悲苦恼,如果我们能证悟真如佛性,就能与圣贤同登"禅悦法喜"的"安乐"世界。

《华严经》云:"常乐柔和忍辱法,安住慈悲喜舍中。"如果我们能有禅定的智慧力,把自己安住在无上深妙的真理,而能不为"财"动、不为"情"动、不为"名"动、不为"谤"动、不为"苦"动、不为"难"动、不为"利"动、不为"气"动……则尽管世界上好好坏坏,只要我不动心,即使身处污泥,也能长出净莲。所以,人生最重要的是,要把自己的身心安住在"寂静"的"禅定"里,过着"禅者"

的生活，这才是最安乐的生活，这也就是禅的最大妙用了。

四、定的利益——灭除妄想，安忍身心

一般人学佛修行，总希望有所感应。感应的原理就如同"月现江心"，所谓"千江有水千江月，万里无云万里天"、"菩萨清凉月，常游毕竟空；众生心垢净，菩提月现前"。菩萨就像一轮皎洁的明月，常游在毕竟空里，对大地众生没有分别心，只要众生心中清净无垢染，就像江河的水澄澈无波，月亮自能影现江心。

打坐参禅，就是在做澄心静虑的功夫，坐禅虽有"调身、调息、调心"三步骤，但以调心为上，心地柔软清净，就如江水澄澈无波，自然菩提现前。因此，坐禅要想获得利益，必须调伏我们的心，首先要息灭妄想，安忍身心，让心定于一境，心物相应，在"一"中体会"无限"，自能获得身心自在，明心见性，这就是坐禅最大的利益。

谈到坐禅的利益，有一位卖豆腐的，送豆腐到寺院，看到禅坐中的法师们威仪庄严，油然生起敬慕之心。他想：我也来打坐。于是请求纠察师父让他随喜参加。当他进入禅堂之后，放下一切杂念，专心一意地打坐。过了一支香的时间，他如获至宝地发出欢呼说："我终于想起来了，五年前李大用欠我的三块豆腐钱，还没有还给我。"

卖豆腐的只静坐了一会儿的时间，就能收到如此的好处，说明参禅到达某一阶段，自然心地灵明，对于过去、未来或现在的事物，都能了了分明。所以，清净而专注的心，是开启智慧的重要原因，当我们坐禅，只要用上了工夫，一旦心湖的波浪静止了，自然能够涌现出朗朗的明月，纷乱的念头平息了，清明的灵性自然显现出来。

也就是说，参禅打坐刚开始的阶段，能使身体感到轻安愉快，心地柔软笃实；一旦功夫深了，到达忘失身心、世界的时候，觉悟的道路自然开启。因此，有了禅以后，我们的生活烦恼会减少，对事情的看法不会颠倒，很多矛盾、差别的现象也可以统一起来。有了禅以后，一身如云水，悠悠任去来，穷也好、富也好、有也好、无也好，视透梦幻空花的尘世，得到大解脱大自在，这个禅就凌驾一切之上了。

所以，禅虽然是古老的遗产，但更是现代人美满生活的泉源，因为禅的功用可以扩大心胸、坚定毅力、增加健康、启发智慧、调和精神、防护疾病、净化陋习、强化耐力、改善习惯、磨练心地、理解提起、记忆清晰。

有了禅以后，我们在世间上没有恐惧，就是生死，都不畏惧。有了禅，心中就有了定，就有力量，当脑波在禅定凝聚集合、接收感应的时候，自然容易心想事成，无有不办。

此外，透过禅修，可以得到无量的禅悦法喜与利益：

1. 消除生活压力：生活的压力来自内心的散乱，以及对生活现象的错误认识。禅坐可以静心息虑，找回自性，帮助我们辨别邪正，厘清错误，压力也就自然消除。

2. 增进身体健康：经云："心生则种种法生。"现代的医学证明，人类的身体疾病，大都来自于内心的焦虑、贪婪、嗔恚等情绪。禅坐可以让我们性情恬静，气息安宁，感受清凉，并且可以畅通气血脉络，促进新陈代谢，使机能不易退化，因此不仅可以增进身体健康，而且还能祛病延年。

3. 提升内在涵养：在科技发达，物资丰裕的今日社会，一般人镇日汲汲于追逐声色犬马、名位权势，以致为物欲蒙蔽自心，失落自我。倘若能与"禅坐"为友，则内有主宰，不为物役，自能提升内在涵养，形之于外，则能变化气质。

4. 享有禅悦之乐：佛陀曾说："坐禅能得现法乐住。"所谓现法乐即禅定之乐，这是一种从寂静心中所产生的美妙快乐，绝非世间五欲之乐可比，勤于禅坐的人，可得此禅悦之乐。

5. 开发本具智慧：《楞严经》云："摄心为戒，因戒生定，因定发慧。"禅坐能令人形神安定，心地明净，不但能开发本具智慧，而且能获得众人爱敬，办事易成，因此是增长福慧之道。

6. 终能见性成佛：禅坐可以去除烦恼妄想，使我们内外空静，心性寂灭，廓然而悟。因此，禅堂又称选佛场，只要功夫下得深，终能见性成佛。

禅坐最终的目的，在求得身心脱落，把我们虚妄的分别心脱落尽净，甚至连佛、觉悟的世界也荡涤无遗。禅师们在寂寂的古刹、袅袅的烟火中，一支香、一支香地打坐，将他们的生命投注于禅坐之中，目的就是希望把动荡的身心、虚妄的世界坐断消灭，在永恒无限的静坐中，将清净的本心，流入无限的时空，而达到不迷不悟，完全解脱自在的境界。

诚如如净禅师在他的语录上说：参禅为身心脱落，不用烧香、礼拜、念佛、修忏、看经，只管打坐始得。坐禅不是沉思冥想，更不是呆默无为；坐禅有别于诵经拜佛，坐禅的人要抛弃万尘，心无旁骛，一心以禅坐为最高无上的安乐法门，仿佛回归自己本家一般，安然地稳坐在自己的法性之座上面，和十方诸佛一鼻孔出气，遨游于法界性海之中。

总之，禅可以开拓我们的心灵，启发我们的智慧，引导我们进入更超脱的自由世界。但是参禅如果不得法，也会成为禅病。

现在一般禅者的毛病，举例说，大家墨守公案禅，讲来讲去，搬来搬去，就是过去禅师们留下来的公案。所以，过去在大陆江苏扬州高旻寺的禅堂里，有一个规矩，不准许讲公案，就是怕禅者被公案左右，被公案迷惑了，找不到禅的真正意义。

公案怎么成为禅病呢？过去有甲乙两个寺院，寺院的师父每天早晨都会派一个沙弥到市场去买菜。甲寺院的沙弥比较灵巧，乙寺院的沙弥比较笨拙。有一天，两个沙弥在路上相遇，乙寺院的沙弥就问甲寺院的沙弥："喂！你今天要到哪里？"

甲寺院的沙弥回答："我的腿走到哪里，我就到哪里去。"

乙寺院的沙弥一听，不知道如何再继续问，回去就把事情告诉师父，师父一听，说："你好笨喔！当他说'腿走到哪里，我就走到哪里'，你可以再问他一句：'假如腿不走了，你要到哪里去呢？'"

乙寺院的沙弥说："喔！原来这样子！"第二天，遇到甲寺院的沙弥，他满有信心地问道："你今天要到哪里去？"

甲寺院的沙弥口气改变了，回答说："风吹到哪里，我就到哪里去。"

回答的话一变，乙寺院的沙弥不知道怎样回答，回去又把这件事情报告师父，师父听了以后，又说："你好笨喔！当他回答'风吹到哪里，就到哪里'，你可以再问他：'假如风不吹了，你要到哪里去呢？'"

乙寺院的沙弥说："喔！原来是这样！"

第三天，在路上又遇上甲寺院的沙弥，他又再问："喂！你今天要到哪里去？"

甲寺院的沙弥回答说："我要上市场买菜。"乙寺院的沙弥又不知道怎么回答。

话，从侧面来讲，你不能体悟了解，从正面上来说，你也不能直下承当，所以，光从口头上来论禅，不从心里上去觉悟，像这种公案禅是不能悟道的。

公案禅是一种禅病，口头禅也是禅病。口头禅是禅学，是禅的学问，不是禅宗，不是禅行。口头禅只是学了一些禅门的术语、禅门的掌故，搬来弄去，是没有用的。

还有一种禅病，就是鹦鹉禅。看到过去的师父怎么样，我就怎么样，依样画葫芦，鹦鹉学话，不知其义，那也是一种禅病。如临济禅师即将圆寂时说："吾灭后，不得灭却吾正法眼藏。"弟子三圣出来说："怎敢灭和尚正法眼藏。"临济："以后有人问你，向他道什么？"三圣便喝！临济禅师："谁知吾正法眼藏，向这瞎驴边灭却。"言讫，即端然示寂。

禅，也不能用分别心去参。唐朝圭峰宗密禅师将禅分为五味禅：外道禅、凡夫禅、小乘禅、大乘禅、最上乘禅。其实，禅本来是不应该有分别、有次第的，学禅最好是学一味禅，所谓"百川流入大海，同一咸味"，江、河、溪水流到大海，都是同一咸味。世间上无论什么东西，在禅里面是不可说，不可分别的。

有人问闲闻和尚："禅有禅病，究竟什么是禅病呢？"

闲闻和尚有一个很精辟的见解，他回答说："衲子因禅致病的很多。"意思是说，有的禅师没有经过禅学的专家指导，参禅就容易出毛病。病在哪里呢？有的病在耳目，他以为禅是耳朵听，眼睛看，所谓"扬眉瞬目都是禅"。其实，有时候扬眉瞬目也会成为病，因为，禅不是猜谜语，不能似是而非地猜想。有的人病在口舌，以为胡言乱语，随便乱说，大声吼吼就是禅，这是错的，禅不是随便乱说的。有的人病在手足，以为进退、指东画西都是禅，其实都不是。所以，过去曾经有弟子问云门禅师："假如有一个人，他眼睛瞎了，耳朵聋了，口又哑了，可以参禅吗？"

云门禅师即刻呵斥："既来请益，为何见而不拜？"

弟子赶忙就地一拜，刚抬起头，云门禅师挥起拄杖就打。弟子大惊，向后急退，云门禅师哈哈大笑道："你没有瞎嘛！

不要怕，来！你到前面来。"

弟子惊魂甫定，依言向前走了两步。云门又笑道："你听得到，没有聋呀！"举起拂尘，"你会吗？"

弟子应声说："不会！"

云门禅师又哈哈大笑道："咦！你不是哑巴嘛！"

其实，就算我们每一个人都是聋子、瞎子、哑巴，只要有心，禅在心里，禅不是用眼、口、耳来学的。

但是，也有参禅的人病在心，心里有了分别、计较，就是病。真实的禅，所谓"穷寻究妙，超离于一切境界"，这才是禅。所以，禅非坐卧、非言说、非文字；禅，穷诸内心，心地一明，大地山河，森罗万象，都在我心中，我即宇宙，宇宙即我，到那个时候，再也没有什么可以滞目成病的了。

禅，就好像是哑巴吃蜜，甜味点滴在心头，你只有体会，而不能言传。所以憨山德清禅师这样说过："一身独坐似枯禅，扑尽寒灰何不燃？忽听楼顶钟鼓响，一声清韵满霜天。"禅，不能变成枯木禅，枯木要让它能遇到春风，能生发，也就是不要让禅停滞，成为枯木死灰。

禅，更不能成为野狐禅。有的人以为禅没有什么形式，没有什么规则，可以信口开河，可以随手拈来，其实这是错误的见解。有名的禅宗公案"野狐禅"，就是叙述过去有一个人问一位禅师："大修行者，落不落因果？"

禅师信口回答："不落因果。"

不落因果，就是不会堕落到因果里面，就等于不受因果的制裁，这是不合乎佛法的。所以，他这一字之差，五百世堕落为野狐身，后来遇到百丈禅师，向禅师求一句转语，百丈禅师教以"不昧因果"，也就是无论什么好坏都不离因果，终于帮助他脱离野狐身。所以，禅是不能随便乱说的。

现在的人参禅，有时是为了保健，为了健康。禅，用来作为健康之道，当然无可厚非，可是身体总有老病死，身体在无限的时间里，总有它的岁月、年限。而禅是永恒的，不应该只是把它用在健康上面。当然，我们平常每天生活忙碌，能够坐个十分钟、二十分钟，不但能消除身体上的疲劳，还可以澄心静虑，让你有再奋发的精神。不过，禅的重要意义，还在明心见性，不能光用口头谈说，用公案叙述，用身体枯坐，这许多所谓话头禅、枯木禅、健身禅、鹦鹉禅，都是一种禅病。

此外，有了禅定，自然会有神通力，例如久远以前的事物，霎时近在眼前；遥远的地方传来的声音，如在耳边，等等。不过，这一切的境界，均不可执著，有了执著，会成为魔境。所以，参禅的人，不但是"魔来魔斩"，还要"佛来佛斩"，不执著，如此坐禅、习定，才能会道。

禅是什么？禅不是随便的胡言乱语，我们不要以为禅师们讲话颠三倒四，在颠倒里面有他的顺序；我们也不要以为禅师们的话自相矛盾，在矛盾里面，有他的统一性。

禅是我们的本来面目，参禅并非一定要出家，在家也可以参禅。历史上，如裴休宰相、庞蕴居士、王阳明、苏东坡等，都是在家的大禅匠。参禅，也不一定要在寺庙、禅堂或佛殿里才可以参禅。虽然唐朝的马祖道一禅师创建丛林，百丈怀海禅师建立清规，为禅宗立下了千秋万代的规范，但是真正的禅者，不一定要在丛林里，也不拘于什么法定规章，只要在山林树下，就可以参禅，乃至河川水边，也可以参禅。在家信徒在自己家中的客厅里、地板上、床铺上、沙发上，只要有一个位置能坐下来，就可以参禅。平时出门在外，利用搭机、行船、乘车时，也可以参禅。禅，不是从外在的坐相来看；禅，主要的是从心里来净化，来升华，来参透，来悟道。

人生有病、有苦，因为有了禅，就能随来随遣，所以禅是健康之道。禅尤其能令我们认识自己，所谓明心见性、悟道归源也。但是参禅的利益固然很多，有的人参禅不得要领，往往容易"走火入魔"。走火入魔的原因有下列几点：

1. 贪图神通：参禅打坐，不能贪图神通。禅定虽然可以引发神通，但是神通必须建立在慈悲心和守持戒法上，如果没有慈悲心，不能持守戒法，便容易着魔。

2. 自我闭塞：禅是洒脱、幽默、风趣，禅是非常活泼、开阔的。因此参禅的人不能自我闭塞，不能自我束缚；想不开、想不通，便容易走火入魔。

3. 邪知邪见：参禅旨在开发真如佛性，是为了要彻悟本来面目，为了明心见性、了脱生死、成佛作祖。但是有的人参禅是为了妄求神通，以此自我炫耀，甚至打击别人，这种知见上的错误，容易走火入魔。

4. 妄动散乱：参禅是为了调伏妄心，是为了找回自己的真心。但是有的人心定不下来，老是妄动、散乱，愈是参禅，愈妄想；愈打坐，愈烦恼。如此不但容易走火入魔，而且还会退失道心。

对于初学者，还须注意以下事项：

1. 要名师指导：参禅打坐，如果没有名师指导，盲修瞎练，容易出差错。

2. 要自我察觉：禅，完全要靠自己洞察心机，靠自己当下承当。因此参禅要有大善根、大信心、大疑情、大奋志。

3. 要虚心无求：我们的心如果能谦虚无求，犹如"朗朗晴空，不着一物"，则容易与禅相应。

4. 要把持中道：六祖大师说："外于一切善恶境界，心念不起，名为坐。内见自性不动，名为禅。"因此坐禅要能不着心、不着境、不着动、不着妄。也就是要保持一颗平等无分别的心，不落于好坏、是非、善恶、有无的两边。

此外，一般学佛的障道因缘，也都是参禅的阻碍，应该去除，例如：

1. 心门不开：我们的"心"好像一扇大门，门不开，外面的人进不来。如果"心门"不开，凡事排拒，则"真理"、"智慧"的法水就无法流进心中。所以心门不开是学佛的障道因缘，也是参禅的障碍。

2. 心结不解：心里的结，往往来自猜疑、嫉妒以及对人我是非"执著"不舍，因此产生心结，成为障道因缘。

3. 心担不放：心里的"负担"，如金钱名利、恩怨情仇、家庭事业等放不下，因此产生烦恼，自然成为障道因缘。

4. 心妄不除：经云"妄念不起处处安"；相反地，妄想、杂念不除，不但无法心安自在，更是障碍佛道的因缘。如《观普贤菩萨行法经》："一切业障海，皆从妄想生。"

5. 心忧不喜：世间最珍贵的财富就是欢喜，一个人如果每天心里忧愁、烦闷，心里没有法喜，如何领略微妙的佛法，因此"心忧不喜"也是障道因缘。

6. 心暗不明：一个没有般若智慧的人，无法点亮自己的心灯，每天生活在"黑暗"里，自然难以见道。

7. 心狭不宽：心量狭小，不能包容、忍受别人的优缺点，也是障道因缘。例如"同行相嫉"、"见不得别人好"等，都是障道的因缘。

8. 心恶不善：《七佛通偈》云："诸恶莫作，众善奉行，自净其意，是诸佛教。"一个心里充满恶念的人，自然无法与佛道相应。

9. 心邪不正：学佛首要皈依三宝、相信因果。一个人如果心中充满邪知邪见，例如"不信三宝"、"不信因果"，这也是障道的因缘。

10. 心贪不舍：一个人如果天天贪图别人给我，自己完全不肯喜舍布施，这与佛教的六度、四无量心等教义是背道而驰的，自然无法契入佛道。

11. 心迷不信：心里迷惑，不求觉悟，完全与真理"绝缘"，如何能够悟道？

12. 心有不空：《华严经》云："若人欲识佛境界，当净其意如虚空。"一个人如果自满、执著、成见不空，正如一个已装满茶水的杯子，再好的法水也流不进心里。因此，心要

"空"，才能悟道，才能认识佛境界。

禅，是悟的，不是学的。知识可以学，禅无法学。禅不是从知识上去理解的，它必须从生活中去修行、体验。一个人有禅定的修养、禅定的功夫，他的心很宁静，不会因为别人的一句话、一件事而起伏、动乱，不会轻易受到影响。所以，静心的人，恩也好、怨也好、善也好、恶也好，都不能乱其神，不为外境左右，这就是静心的功夫。

六祖惠能大师得法后，辗转到了广州法性寺，时值印宗法师正在那里讲经，当时风正吹着旗幡，幡子随风飘动不停。有一僧说这是"风动"，另外一僧反驳说这是"幡动"。两人争论不休，于是六祖走上前对他们说："既不是风动，也不是幡动，而是两位仁者的心在动啊！"这则著名的公案就是告诉我们：如果心能定静，就不会随外境的变动而执著于或风动、或幡动等小见小得的分别知见了。

另一段有趣的禅门公案，说到苏东坡有一次作出一首自认为震古烁今的诗偈，捋起长胡子，一副掩不住的自得之喜，急忙叫书童火速划艇送去给居住江南金山寺的佛印禅师，心想印老一定会大赞特赞个不停。佛印禅师看到偈中题的是：

> 稽首天中天，毫光照大千；
>
> 八风吹不动，端坐紫金莲。

看完后的佛印禅师，一语不发，只批上"放屁"两字，就叫书童带回。接到回报的苏东坡瞪着"放屁"两个字，直气得七孔生烟，连忙叫书童备船。小船过了江，眼看佛印正站在岸边笑迎着，苏东坡更憋不住一肚子火，冲前就嚷："禅师！刚才我派书童呈偈，何处不对？禅师何以开口就骂人呢？"佛印禅师呵呵大笑说："我道你是真的八风吹不动，怎么我一声'放屁'就把你打过江来了呢？"

佛教把"利、衰、毁、誉、称、讥、苦、乐"等八种最常影响我们内心世界的境界称作"八风"，苏东坡虽以为自己的心早就不受外在世界的毁誉称讥所牵动，不料还是忍不住小小"放屁"两个字的考验。可见不识本心，内中不定，则心会随物而转；但能了知自心，动静一如，则万象万物都可随心而转。

唐朝的马祖道一禅师，一生提倡"即心即佛"，他的弟子大梅法常就是从这句话而契入悟机，彻悟后一生隐居在大梅山。有一天，马祖派侍者去试探法常，对他说："法常！你领悟了老师的'即心即佛'，但是老师最近又说'非心非佛'呢！"法常听了，不为所动地说："别的我不管，我仍是'即心即佛'。"后来，马祖禅师听了侍者的报告，欣然颔首道："梅子成熟了！"

古德说"竹影扫阶尘不动"，大梅法常既悟了"即心即佛"的道理，就有如稳坐泰山，即便老师真的一百八十度的改成"非心非佛"，对他来说，也不过是阶前的竹影因风摇曳，丝毫也扫不动一点尘埃。

有一位南泉禅师，有一天问陆亘大夫一个问题，他说："有人在瓶子里养了一只鹅，鹅在瓶里慢慢长大了，瓶口很小，鹅出不来了。现在我们要把这只鹅放出来，但是不得毁瓶，也不可伤鹅。请问，鹅如何才能出来呢？"

陆亘大夫对这个问题茫然，不知如何以对。正当他犹豫、思考的时候，南泉禅师大叫一声："陆亘！"

陆亘大夫随声回应："有！"

南泉禅师笑呵呵地说："这不是出来了吗？"

这是什么意思呢？鹅代表的是佛性，瓶子代表的是身体，你以为我们悟道，证到真如法身，一定要把这个身体消灭、毁坏了以后，另外还有一个真如法身吗？不是的，就在这四大五蕴假合的色身上，你如果懂得"内外一如"的话，那就能见到我们的真如自性，也就是我们的禅心佛性了。

因此，禅是佛性，人人本具，人类需要禅，只有禅才能"转"生活中的痛苦为快乐，"化"忧郁为喜悦；只有禅才能"转"生命的烦恼为菩提，"化"生死为涅槃。有了禅以后，我们在世间上就没有恐怖，即使面对生死，也不畏惧。所以现在这个时代最需要的就是"禅"，只有"禅"，才能医治功利、物质主义的"时代病"；只有禅，才能根除相对、二元世界观的谬见；只有"禅"，才能帮助人类寻得失落的自我，找回失去已久的精神家园；只有"禅"，才能为东方、西方文化的差别，如生死观、人生观、价值观、宗教观、自然观、道德观等，找出平衡点。

禅能为人类筑起一座沟通东西文化、心识思想、心灵交流的桥梁。禅是人类共有的宝藏，禅原本存在于天地、方寸之间，昔日圣者佛陀发现禅的存在，于是世代相传至今。禅，没有时代的隔阂，只要有人生活在世间，禅就会一直被发现、体悟，因为禅就是我们的生活，是一种完全回归宇宙自然的生活。

禅，平凡、平实，所谓"平常心是道"，所以禅就在眼前，它是那么的自然、纯真、朴实、美好、亲切。有了禅的定力，进而开发吾人本具的般若智慧，才能了生脱死、离苦得乐。所以，禅，会永远地被人类追寻着。

人间佛教的慧学

　　《大智度论》说："般若波罗蜜者，是一切诸法实相，不可破，不可坏。"有了般若就能认识"缘起性空"，进而能证悟宇宙人生的真理，成就佛道，所以般若是菩提之"因"。能够认识"缘起性空"、"不生不灭"的诸法实相，就是般若。因此，般若是一种能透彻宇宙真相的智慧。

　　（二〇〇六年十二月十日讲于香港红磡体育馆）

各位法师、各位嘉宾、各位居士，大家好！

时间过得真快，三天的佛学讲座今天已经进入最后一天了，今天的主题是"人间佛教的慧学"，这是一门开发般若自性的学问，也是"人间佛教戒定慧"三学的圆满。

相信大家都知道，在佛教里有一位"观自在"菩萨。"观自在"指的就是观世音菩萨，为什么观世音菩萨又名"观自在"呢？主要是因为观世音菩萨是从"般若观慧"里获得自在的菩萨，祂能自由自在地观察人间的心意，解救众生心理上的痛苦，拔除众生身体上的烦闷，所以名为"观自在"菩萨。

不过这种说法其实也不尽然全对，因为佛陀成道时曾经宣示过："一切众生都有佛性。"也就是说，每一个人的自性，其实都本自具足"般若智慧"，只是被烦恼无明所覆盖，因此不能显发；现在如果我们能够开发自心本性的"般若智慧"，以般若的慧眼洞彻世间实相，让我们的生活能够超越一切好坏、得失、有无，不被世间的金钱所买动，不受感情的诱惑而妄动，不因权势的威迫而盲动，能够活出自己的尊严，过着不被外境所动的般若人生，时时观人自在、观事自在、观境自在、观心自在，那么人人都能自由自在地生活，自然就是人人都是"观自在"了。

"观自在"就是观照自己在不在。我们每个人都希望活得自由自在，而不愿意被别人牵着鼻子走，但是谁能给我们自在呢？答案是：唯有自己开发般若智慧，找回般若自性，才能活得自在。因此，继前面两天讲过"人间佛教的戒学"、"人间佛教的定学"之后，今天所要讲的"人间佛教的慧学"，就是希望帮助大家从佛法里开发"真如佛性"，让每个人都能像观自在菩萨一样，以"般若观慧"来"照见五蕴皆空"，如此才能"度一切苦厄"。

说到苦，人都怕苦，喜欢快乐，但是苦是人生的实相，人的内心有贪、嗔、痴三毒之苦，身体上有生老病死的无常之苦，乃至忧、悲、苦、恼、无明，甚至爱别离、怨憎会、求不得、五阴炽盛等"苦苦"，都让人生苦不堪言。

烦恼是苦的根源，虽说人生"苦乐参半"，偶尔也有快乐的时候，例如金榜题名是快乐、事业有成是快乐、妻贤子孝是快乐、财源滚滚是快乐、大病初愈是快乐、喜获麟儿是快乐、苦尽甘来是快乐……但是世俗的快乐，无论是感官或精神上的，都不究竟，也不长久，都不是真正的快乐，因为短暂的快乐过后，还是会有失去的落寞之苦，甚至有时候因为耽于快乐，不知上进，往往乐极生悲，这就叫做"坏苦"。

也许有人会说，我不求闻达于诸侯，是个安于平凡的人，既不贪爱权势名位，也不羡慕高官厚禄，我能甘于淡泊，不被外在的物质有无，不受人事的好坏所动，因此能够无忧无喜地过日子。然而一个人即使有此修养，只是世间一切有为法都是迁流不住，都是刹那生灭，无法常住安稳，因此身心仍不免受到无常的逼恼，而有"世事无常"的慨叹，这就是"行苦"。

苦、空、无常是佛教的基本思想，是佛陀所说的三法印，但佛陀同时也指示对"涅槃寂静"的追求。因此"苦是增上缘，不是真目的"，佛教之所以说苦，主要是让众生知苦、离苦，其最终目标还是为了追求幸福快乐的生活。所以苦是人间的现实，但并非我们的目的，佛教的目的是要脱苦，寻求快乐；现世悲苦的实相不足以代表佛教，佛教的真相是禅悦与法喜，佛教其实是个欢喜的宗教。

然而过去佛教界的人士大多偏重"苦"的倡导，因此常令有心学佛的人望而却步。我个人一向提倡人生要追求快乐，人人应该乐观进取，不要老是把"苦"挂在嘴边，应该彻底了解苦的形成原因，找到对治的方法，那么我们就可以远离痛苦的渊薮，享受真正快乐的人生了。

关于苦的原因，我曾经把它归纳为七点：

（一）我与物的关系不调和：苦的来源，第一个因素是我与物之间的关系不调和。譬如居住的房子空间太小，家里人口又多，拥挤不堪，不能称心如意，自然感到痛苦。晚上睡觉时，所用的枕头高度不合适，一夜无法安眠，精神不济，难免心烦气躁，也会痛苦不安。

除了身外之物会带来种种的不便与痛苦之外，甚至长在我们身上的毛发、指甲等，如果不加以适当的修剪、洗涤，所产生的污垢也会带给我们困扰，因此古人常拿毛发来比喻烦恼说："白发三千丈，缘愁似个长。"又说："头发是三千烦恼丝。"没有生命的物质，和我们的生活，其关系实在密不可分。

(二) **我与人的关系不调和**：人我关系的不调和，是苦恼的重要因素。譬如自己喜爱的人，偏偏无法厮守在一起，而自己讨厌的人，却又冤家路窄，躲避不了。这就是佛教所谓的"爱别离苦"和"怨憎会苦"。

有时由于个人的见解不同，办事方法千差万别，彼此引起冲突摩擦，产生痛苦。有时自己小心翼翼做事，生怕得罪了人，但是看到一群人背着自己窃窃私语，心中就感到惶惶不安，以为别人一定是在批评自己。由于人我关系的不能协调，也会让人感觉人生痛苦，日子难过。

(三) **我与身的关系不调和**：有人说："健康是第一财富。"假如没有健康的身体，纵然拥有天下的财宝、旷世的才华，也无法发挥功用。偏偏身体的老病死是自然的现象，任何人也逃避不了。再健壮的人，也有衰弱的一天；再美丽的容貌，也有苍老的时候。年轻时，虽然可以逞强称雄，但是随着岁月的消逝，年龄的增长，我们的器官也会跟着退化，眼睛老花了，机能衰退了，动作迟钝了，完全不复当年的生龙活虎、叱咤风云。一个小小的感冒，就足以使我们缠绵病榻数日；一颗小小的蛀牙，就够我们整夜辗转反侧，不能成眠。由于我与身体的关系不能调和，种种的苦恼也会接踵而至。

(四) **我与心的关系不调和**：心是我人的主宰，如一国之君，操纵着一切。古人说："人心惟危，道心惟微。"我们的心如野马脱缰，到处奔窜，不接受我们意志的自由安排。譬如当我们的心中生起贪嗔痴等烦恼时，虽然努力加以排遣，却是那么的力不从心；又譬如心中充满种种的欲望，虽然极力加以克制，却又事与愿违，不能随心所欲。这种由于我与心的不调和而产生的痛苦，实际上并不亚于身体不调和所带来的苦痛。身体的病苦，依靠珍贵的药材、高明的医师治疗，痊愈的可能性比较大，而心理的毛病，有时连华佗也束手无策。

我们常常听到有人埋怨别人说："你都不听我的话。"其实最不听话的，不是别人，而是我们自己的心。我们无法叫自己的心不起妄念，不生烦恼，自己的心实在是世界上最难征服的敌人，我们和心如果处于敌对的关系，每日干戈不断，痛苦交迫也就是必然的了。

（五）我与欲的关系不调和：人不可能没有丝毫的欲望，欲望有善欲和恶欲之别。好的欲望譬如希望成圣希贤、成佛作祖，或者希望创一番事业，服务乡梓社会，造福人群国家，所谓立功、立德、立言等三不朽，佛教称这些向上求进的欲望为善法欲。另外如贪图物质的享受，觊觎官运的显赫，眷恋爱情的甜蜜，等等，佛教称这些可能使我们堕落的欲望为恶法欲。善法欲如果调御不当，会形成精神上的重大负担，产生很多的痛苦，更何况恶法欲，如果无法善加驾驭，和我们的心保持良好的关系，其所带来的痛苦，更是不堪负荷。

（六）我与见的关系不调和：见，指的是思想、见解。物质上的匮乏、欠缺，还能够忍受，最令人难以忍受的是思想上的寂寞、精神上的孤独。古来多少真理的追求者，都是孤独地彳亍于真理的道路上。因此陈子昂有"独怆然而涕下"的悲叹，佛陀也有入涅槃的念头。而令我们感到痛苦的思想是"似是而非"的邪知邪见。

佛陀住世的时候，有一些邪见外道，主张修持种种的苦行：或者倒立于林间，或者在火边烧烤，或者在水里浸泡，有的人绝食不饮，有的人裸形不穿，极尽能事使身体受苦，企图借着苦行以获得解脱。但是由于这些外道的思想不纯正、见解欠适当，徒然使身体受到折磨，增加许多无谓的痛苦。邪知邪见能陷我们于痛苦之中，是障碍我们追求真理的最大绊脚石。

（七）我与自然的关系不调和：从人类的文化史来看，人类最初的活动，就是和自然一连串战争的记录。自古以来，自然界带给我们的痛苦，举凡地震、海啸、风灾、水灾、旱灾、森林火灾等，真是不胜枚举。任何一个天灾，都会带来严重的灾情，譬如水量过多，泛滥成灾，平地变成汪洋，无处安身；反之水量太少，干旱成灾，大地龟裂，无法耕作，都足以危害生存。所以，我与自然界的不调和，所带给我们的苦恼，都是显著而且直接的。

总说人生有无量无数的苦，而万般痛苦，都是因为有"我"，如老子所说："吾之所以有大患者，为吾有身。"人因为有"五蕴和合"的色身假我，因此有贪爱、执著、嗔恚、愚痴等轮回生死的烦恼根本。

所谓五蕴和合，是说我们的生命，由物质的"色"和精神的"识"，加上心识活动所产生的作用——受、想、行三者所积聚而成。这五者只不过是条件的组合，是暂时的存在而已，如果因缘不具足的话，一切都将归于幻灭。但是一般人的观念认知里，以为五蕴和合的色身是永远不灭的，因此将它执著为真实的自己，于是产生种种的贪爱，因而流转于痛苦的长夜。假如我们能够洞察"我"的虚妄性，证悟本来无所得的"性空"妙理，自然能超越一切的痛苦。因此"我"是烦恼痛苦的根本，唯有"无我"才能解脱自在。

话说在一场超过十万人观赏的足球赛里，有一位先生一边抽烟，一边观看球赛。由于全神贯注，忘了手上的香烟，一个不小心，烟屑燃烧到隔壁一位先生的衣服。"哎哟！好痛！"抽烟的人一看，不得了！我的香烟烧到别人了，赶忙道歉说："对不起！对不起！"被烧的人也聚精会神地看着激烈的比赛说："不要紧，回去再买一件。"

两人的对话才刚结束，不知不觉中香烟又烧到前面一位小姐的头发上，"哎哟！好痛！"小姐抚摸着秀发，娇呼一声，抽烟的人一听，糟糕，自己又闯祸了，忙不迭地又赶快道歉说："对不起，我的香烟烧坏了你的头发。"小姐不假思索地脱口说："没有关系，回去再买一个就是了。"说完又全神贯注地看起球赛来了。

为了看球赛，衣服烧了不要紧，连头发被烧也不介意，这就叫做"浑然忘我"。这还只是"忘我"的境界，就已经能够不受外境所苦，可见如果能够有"无我"的智慧，当然就更能远离一切痛苦了。

苦的存在是不可否认的真理，而好乐恶苦是众生的本性，现在举世之间，各种学术、经济、医药等不断精益求精，乃至科学家多少的发明，无非都是为了改善人类的生活，希望将痛苦减少到最低程度，甚至政治家的口号也都是为了替人民除苦。但事实上，一般社会上的济苦助贫，解衣推食，只能方便地解救一时的困苦，不能彻底拔除痛苦的根本；唯有自己有了般若智慧，才能洞烛苦的来处，然后加以"应病与药"，如此才有力量除苦。也就是说，有了照见五蕴皆空的"无我"智慧，才能究竟离苦得乐，这也是为什么学佛要"勤修戒定慧"，要不断"三学增上"的原因了。

今天针对"人间佛教的慧学"，仍然提出四点看法如下：

一、慧的根本——般若缘起，人间慧本

二、慧的开发——知识巧思，人间慧解

三、慧的应用——生活行仪，人间慧用

四、慧的圆满——同体共生，人间慧圆

一、慧的根本——般若缘起，人间慧本

世间上一般的宗教，大多重视信仰或慈悲，唯有佛教重视理性，追求智慧。佛教认为开发般若智慧，才能分辨邪正真伪，断除烦恼，才能自度度人，究竟解脱，所以"人间佛教的慧学"第一点提出："般若缘起"，是为"人间慧本"。

谈到般若，人生有一个很重要的课题，那就是如何找到自己，也就是我们的"本来面目"。所谓"本来面目"，就是"般若自性"。不知道大家是否想过一个问题，佛陀成道时曾经说过："一切众生皆有佛性。"也就是说，凡夫众生与佛一样，都具足成佛的性能，可是为什么佛陀早已证悟成佛，而我们却还在生死轮回呢？原因就是我们没有把自己的般若自性发掘出来，就如月亮被乌云遮蔽，所以不能放出光明。现在如果我们能找到自己的般若自性，见到自己的本来面目，那么在人间生活不仅富贵荣华，更是一种无上的解脱自在。

般若对人生的重要，从佛陀住世说法四十九年，讲经三百余会，他所讲说的内容有偈云："华严最初三七日，阿含十二方等八，二十二年般若谈，法华涅槃共八载。"从这首偈语可以知道，佛陀四十九年的说法当中，光是讲说般若经就花了二十二年的时间，可见般若的重要。

般若经讲的是我们自己的本来面目，是佛教对宇宙人生的看法。般若不是知识，不是学问，不是哲学，般若就是我们的法身、真如，般若是众生的平等自性。在般若、法身里，没有生、佛的名词对待，没有自、他的形象差别。所以经中说："真如界内，绝生佛之假名；平等性中，无自他之形相。"

般若甚深微妙，所谓："般若自性无能喻，凡夫二乘不能测，等觉菩萨不能知，唯佛世尊独能了。"般若是诸佛证悟的境界，本来不可说，也不容易说，但为了便于大家了解，我把它分为四个层次，即：众生所能了解的般若是"正见"，声闻、缘觉二乘人的般若是"缘起"，菩萨的般若是"空"，真正的"般若"只有三世诸佛知道，也就是要到成佛之后，才能真正认识般若。

首先从浅的方面来讲，一般众生的了解，总以为般若就是智慧，但智慧不能代表般若，智慧是一般的知识，"知"识生"病"会成为愚"痴"，以致聪明反被聪明误，所以般若不能说是知识，也不能说是智慧。般若是我们永恒的生命，是不死的真如，但事实很难说得明白，勉强举譬来讲，例如我们用眼睛看外境，是山是水、是花是草，看得清清楚楚、明明白白；我能把万物看对了，看正确了，就如照相机，把光圈、距离调正，照出来的相片没有走样、没有偏差，只要我们对世间的看法正确，这就是凡夫众生的般若，也就是"正见"。

正见就是离诸颠倒邪见的正观，是如实了知世间与出世间因果的智慧，是透过三法印、四圣谛、十二因缘等佛教的教理来观察宇宙万象而获得的正确见解。就广义来讲，凡是佛教所认可的道理，都属于正见，例如正见因缘果报、正见善恶业力、正见无常苦空、正见佛道永恒，这都是正见。

一个人的思想观念，往往可以影响其一生；学佛修行就是要修正过去不好的习性，改往修来，所以正确的观念、见解，十分重要。有的人学佛，受到一些委屈，遭遇一些困难，就退失道心，半途而废，甚至对佛教诸多怨言，责怪佛菩萨没有好好庇佑他，这就是没有正见。所谓正见，就是对于自己所信仰的真理，不论遭遇任何疑难，都不动摇信念，反而更加坚定信心，把持立场，为护卫公益、宣扬真理而奋励不惧。也就是说，我们要明了世间有善有恶、有业有报、有前生有后世、有圣人有凡夫的道理；有善恶、圣凡、三世、业报的观念，才知道摄护三业，行善止恶，而能免堕三途轮回。

比凡夫高一点的声闻、缘觉、罗汉等圣者，他们对宇宙人生的体会，对世间万有的看法又更高超一些。他们看世间一切都是"缘起"而有，也就是认识世间一切都是因缘所生起，"缘聚则生，缘散则灭"。"缘起"是佛教的根本教理，也是佛教异于其他宗教、哲学、思想的最大特性。缘起说明世间上的事事物物，一切有为法都不是凭空而有，也不能单独存在，必须在各种因缘条件和合之下，才能现起和存在。一旦组成的"因缘"散失，事物本身也就不复存在，这就是佛教所谓"诸法因缘生，诸法因缘灭"的道理。

世间万法现起和存在的因缘，其本身又各互有生起的因缘；这种看似牵扯不清，复杂而绵密的互动关系，就形成了解释宇宙万法生起，乃至生命起源的一种中道不二、精深微妙的道理，这个道理就叫做"缘起"。当初佛陀在菩提树下、金刚座上，夜睹明星而证悟成佛，他所证悟的便是这个宇宙人生的道理——缘起法。

缘起法说明宇宙万法生灭变异的关系，也显示人生苦乐的来源。从缘起法中可以知道，任何事情的结果，都是由因缘所成，所以要获得快乐的人生，便须培植好因好缘，想要拥有和谐的人际关系，就应广结善缘。如果没有植下善因善缘，一旦尝到苦果，也要懂得改善因缘，而不是一味在果报上计较，乃至怨天尤人，徒使自己陷入重重的烦恼之中。所以了解因缘果报的关系，使我们懂得改善逆缘，培植好缘，广结善缘，随顺因缘。

比声闻、缘觉再高一点的，是菩萨所体会的般若，那就是"空"。一般人谈到空，总想到"四大皆空"，认为"空"就是空空如也，其实这是错解"空"的意思。"空"是大乘佛教无限的意义，空在佛教里是一个很深的哲理，空是我们本来的面目，所谓"真空生妙有"，因为空才能有，宇宙世间因为有虚空才能容纳万有，就如皮包不空就不能装东西，房子不空就不能住人，鼻子不空就不能呼吸。

"空"就是般若智慧，从"空性"里可以了悟宇宙人生各种存有的真相；"空"更是一种正见，由现象界存有之中能发觉本体空无的真谛。"空"是什么？用最简单的话来说："空"是因缘，是正见，是般若，是不二法门。"空"是无限，就如数字中的"0"，你把"0"放在"1"的后面，它就是"10"；把"0"放在"10"的后面，它就是"100"；把

"0"放在"100"的后面，就变成了"1000"……它可以无限地增加至天文数字。"空"也像数学中的"x"，你把"x"摆在那里，它就能解出什么。

"空"无所不包、无限广大。"空"也像"阿弥陀佛"，一句佛号代表万千的意义，代表一切的摄受：你给我东西，我说一句"阿弥陀佛"代表感谢；你升官发财了，我用一句"阿弥陀佛"代表祝福；有人去世了，我念一声"阿弥陀佛"表示哀悼。阿弥陀佛是真理，"空"也是真理。"阿弥陀佛"是万有，你说它是什么，它就是什么；"空"也是万有，你说它代表什么，它就代表什么。

虚空孕育了万有，就如空气孕育了大地万物一样，所以"空"其实是建设"有"的，空与有的关系就如手掌与拳头，手掌合起来是拳头，打开就是手掌。"空、有"就和这个拳掌一样：本来是"空"的，因缘聚合而成了"有"；本来是"有"的，因缘散灭便成了"空"。或有或空，都随着因缘而成而坏，不停地变化，从这里去认识"空、有"的关系，便会发现，"空、有"是二而一、一而二。

"空、有"又如女士身上佩戴的耳环、戒指、手镯，还没有开采提炼之前，我们称它为矿石。它由矿场运到工厂，就摇身一变成为黄金；从工厂进入银楼后，又变成了多样的戒指、耳环、项链、手镯。尽管形状上千变万化，其实黄金的本体依然不变。从这个例子来认识"空、有"的关系，可以知道，"空"是金，"有"是器；"空"是一，"有"是多；"空"是本体，"有"是现象。

"空、有"又像大海里的波浪，海水本来是静的，一旦风吹海水，起了波澜，一波一波掀腾翻涌动个不停，海的面貌就变了；风平浪静的海，是水，惊涛骇浪的海，也是水。波浪没有离开水，动没有离开静，有没有离开空；波水一体，动静一如，空有是不二的。

"空"如父，父严如日；"有"如母，母慈如露。父母结合而生育我们，空有的调和而成就万法，因此说"空即是色，色即是空"，"空不异色，色不异空"。

"空"就是缘起，诸法因为"缘起"而有，所以空无自性，是暂时的幻起幻灭。换句话说，诸法实相，不生不灭，从暂时存在的现象界则说"缘起"；从本无自性的实相界而说"性空"。因为缘起，才能显示性空；因为性空，所以能够缘起。

"空"是佛教的重要思想所在，"空"是无法推翻的真理。"空"是一项对人生很有贡献的学说，能够认识"空"的真理，可以让人看破，进而从"空"中建设"有"。因此，肯定"空"，才能建设"有"；有了"空"的人生观，可以升华人生的价值。把"空"与"有"融和起来，就是"中道"。"中道"就是空有融和的智慧，就是中观的般若智慧，有了这种智慧，可以直接契入世间实相，遇到事情就懂得"事待理成"，碰到结果就知道"果从因生"；知道种什么"因"就会结什么"果"的道理，遇事自然不会怨天尤人，而懂得从原因上去追查，如此才能根本解决问题。

能了解正见、缘起、空，已经不容易了，要认识般若就更为困难了。般若究竟是什么呢？

般若是指洞悉真理的智慧，但因为它的境界甚深如海，并非世俗的萤火小智所能比拟，所以通常直译为"般若"。再者，智慧涵义较为肤浅，有善有恶，有正有邪；般若是纯净善美的，是真实无漏的，所以根据译经"五种不翻"的"尊贵不翻"法则，古来都直译为"般若"，而少用"智慧"来表达。

般若是正见缘起，了悟诸法空性的智慧，《大智度论》说："般若波罗蜜者，是一切诸法实相，不可破，不可坏。"有了般若就能认识"缘起性空"，进而能证悟宇宙人生的真理，成就佛道，所以般若是菩提之"因"。能够认识"缘起性空"、"不生不灭"的诸法实相，就是般若。因此，般若是一种能透彻宇宙真相的智慧。

般若是诸佛菩萨亲证诸法实相的一种"圆明本觉智"，是离一切迷情妄想的"清净无分别智"，是通达一切法自性本空、本无所得的"真实无相智"。凡夫只要具有正知正见，就可以勉强称得上是有般若智慧，但真正的般若则要到证悟成佛才能证得，因此《法华经》说："唯佛与佛乃能究尽诸法实相。"《大智度论》也说："般若者，一切诸智慧中最为第一、无上、无比、无等，更无胜者穷尽到边。"

般若是佛陀的层次，是证悟了自性般若之后，本体与现象不二的境界。当初佛陀在菩提树下金刚座上夜睹明星，所证悟的就是般若缘起。般若是万物之本、万众之性，般若是吾人不死的生命，这就是般若的"体"；般若如花、如火炬、如光明、如慈母、如船筏，这就是般若的"相"；有了般若，就能善用智慧，幽默、巧妙地解决问题，这就是般若的"用"。一个人有了般若，凡事都能想得开，想得通，想得透；能够超越一切人我、是非、有无、好坏的对待，这就是般若。

平常我们说地藏王菩萨在地狱度生，他到底苦不苦？不苦，因为有般若。穷苦人家，父母含辛茹苦扶养儿女，因为有慈悲心，所以不苦；慈悲、母爱，就是般若。监狱的管理员，抱着为人服务之心，不苦；如果以管人之心虐待人，就会觉得苦。监狱里的犯人，如果有忏悔之心，借机反省、改过，不苦；如果心生不满，怨叹怀恨，则苦。苦与不苦，分别在心境，心境也能看出一个人有没有般若，有般若就能处理一切事，看一切事都用平常心，例如智通禅师悟到"师姑原来是女人做的"，能够从一般平常的事里看出佛法，这就是般若。

般若有知苦灭苦，观空自在的功用，一般凡夫的生活，每天随着六根追逐虚妄的六尘，于是活在虚妄不实的世界，容易颠倒妄想，起惑造业，因此轮回不已。没有般若的人生，欠缺正见，容易为外境烦恼所转；有了般若，便可以开发自性之光，证悟自己真实的生命，从生死的此岸安渡到解脱的彼岸，此即"般若波罗蜜"。

般若的妙用不仅在彻悟诸法实相，离一切虚妄而得解脱，更重要的是，菩萨行六度波罗蜜时，以般若为首，则能"喜舍不作施想，持戒不着戒相，忍辱离于我执，精进不生骄慢，禅修不恋定境"。所以经云："般若为导,五度为伴;若无般若,五度如盲。"意思是说,五度是世间法,因为有般若才能成为出世间法。

例如,六度之布施,世间很多慈善团体,乃至一般人也在做,但是因为没有"般若",所以不究竟;有了般若就能"三轮体空",泯除能施与所施的对待,所以是不共世间,不同于世间法。也就是说,"布施"而有般若,才能三轮体空;"持戒"而有般若,才能饶益众生;"忍辱"而有般若,才能无生法忍;"精进"而有般若,才能奋而不懈;"禅定"而有般若,才能证悟觉道。

般若能摄导五度趣入"波罗蜜",因此布施等五度要能成就"波罗蜜多",一定要以无所得的般若为方便而修,否则"若布施无般若,唯得一世荣,后受余殃债;若持戒无般若,暂生上欲界,还堕泥犁中;若忍辱无般若,报得端正形,不证寂灭忍;若精进无般若,徒兴生灭功,不趣真常海;若禅定无般若,但行色界禅,不入金刚定;若万善无般若,空成有漏因,不契无为果"。所以佛教所讲一切法,凡无般若,皆为世法;一切法有了般若,才是佛法。

般若能"导六度万行以入智海",这是般若的一大功用。般若为六度的根本,是一切善法的渊源,能够度越生死之海,到达菩提彼岸,因此称为"诸佛之母"。般若有三种:

(一)实相般若:是般若的理体,众生所本具,离一切虚妄之相,是般若的实性,即一切种智。

(二)观照般若:是观照实相的实智,了知诸法没有自性，所以称为观照，即一切智。

（三）方便般若：是分别诸法的权智，善巧分别诸法，称为方便，即道种智。

方便般若是推理判断一切诸法的差别相，观照般若是洞悉一切诸法的真实相，这两种般若的妙用都发自于实相般若，所以说实相般若是般若的本性，是每一众生本来具有的自性光明。要开发这种智慧，需要从佛法中精勤修学，由浅至深，逐次前进。依其方式有：

（一）闻所成慧：由亲近善知识，听经闻法；或阅读佛典，从文义中生起信解所得的智慧。

（二）思所成慧：以闻慧为基础，对法义深入思维、观察，深刻体会佛法妙谛所得的智慧。要成就思所成慧，应按照佛陀所说的"四依止"：依法不依人、依义不依语、依了义不依不了义、依智不依识来简择、审度，才能正确体会佛陀说法的究竟意义。

（三）修所成慧：依据闻、思二慧理解佛法后，依照法义，精勤修持与定心相应的观慧，叫修所成慧。由此有漏的闻思修慧，引发得到能所不二的般若实相慧，才能离烦恼而得解脱。

般若是通达诸法真理、指向人生正途的法炬。般若不是外来的知识，而是众生的清净光明本性，是众生的本来面目；般若是法身、实相、真如、自性、佛性的同义词。佛性人人本自具足，因此六祖惠能大师说："一切般若智，皆从自性而生。"若能"识自本心，见自本性"，即得般若。

但是六祖大师也说："世人终日口念般若，不识自性般若。"每个人都有一颗心，只是一般人所了解的是肉团心、妄想心、分别心，却忽略了本自具足的灵知心，这才是真心。真心就是般若，有了般若，宇宙世界皆在一心。

般若内容深细难了，不是语言所能解释，勉强言之，可以取喻为"镜子"。一个人不管胖瘦美丑，只要在般若的镜子前一照，当下实相现前，见到本来真面目。佛弟子平时诵经拜佛、听经闻法，做种种的功德，就是要擦亮心中的镜子，心净则般若现前。有了般若，即使遭受批评毁谤、无理打骂，都可以视为消灾；遭遇挫折、打击、冤屈、侮辱，皆能视为逆增上缘，以之作为修道之养分，而能滋养菩提善根。有了般若，人生的境界就会不一样，因此学佛除了要涵养慈悲心之外，更要具足观空的般若智慧，由般若最高的智慧才能亲证宇宙人生的根本真理。

谈到真理，世界上每个宗教都认为自己所宣扬的教义是真理，其实所谓的"真理"，必须具有普遍性、必然性、平等性、永恒性、本来性、超越性、可证性等条件。例如："空"不是因为我们发现它，它才存在，它是本来存在的；"空"不能分是你的空，还是我的空，所以"空"是必然性、平等性、普遍性、永恒性的真理；再如人有生必然有死，中国人如此，外国人也一样，这是普遍如此、必然如此、本来如此、永恒如此的真理。佛教的"三法印"就是合乎这些条件的真理。

三法印为：诸行无常、诸法无我、涅槃寂静。这是说明宇宙人生现象的三条定律，以此三条定律来"印"证佛法的真伪，就像世间的货物，盖了印鉴的，可以确定它是真货；没有盖印鉴的，便是假货，是冒牌的。所以，三法印是印证佛法的根据，是识别佛法、非佛法的标准。若与三法印相违的，即使是佛陀亲口所说，也是不了义法；若与三法印相契合的，纵然不是佛陀亲口所说，也可认为是佛法。

三法印的内容分述如下：

（一）诸行无常："行"是迁流、转变的意思。世间上一切形形色色的事物，没有一样不是在刹那刹那之间迁流转变，没有一样是常住不变的。因为世间上的一切有为法都是因缘和合而生起，因缘所生的诸法，空无自性，它随着缘聚而生，缘散而灭。譬如有情世间的人有生老病死的现象，器世间的山河大地有成住坏空的演变，心念有生住异灭的变化，因此，一切法在时间上是刹那不住，念念生灭；过去的已灭，未来的未生，现在的即生即灭，它是三世迁流不住的，所以说"诸行无常"。

（二）诸法无我："法"，是指宇宙间所有的事物，包括物质现象和心识活动等，是有形无形事理色心的通称。"诸法无我"是指一切有为、无为法并无独立的、不变的实体或主宰者。因为能称之为"我"的，必须是恒常不变的实体，是独立自主、永恒不变的主宰者。然而世界上并没有这种单一独立的、自我存在的、自我决定的永恒事物，因为一切事物都是依因缘而生，缘聚则有，缘散则灭，彼此之间是相互依存，并无实体性。世间上也没有任何东西是永远如此不变坏的。譬如我们的身体仿佛一栋房屋，仅仅供给我们暂时居住而已，房子住久了，一定会败坏漏雨，等到大限来临，我们这栋老房子也会随着殒灭无存。不仅肉身如此，财富、名利、感情，乃至世间上所有一切，都不能永恒存在，迟早都会舍离我们而去，因此说"诸法无我"。

世界上的一切事物，不但"无常"，而且"无我"，如果我们了解因缘的道理，缘生则聚，缘灭则散；不执著无常、无我的世间法，而把身心安住在不生不灭的出世间法当中，如此才能获得究竟快乐的人生。

（三）**涅槃寂静**："涅槃"就是四圣谛苦、集、灭、道中的"灭谛"。《大乘义章》卷十八说："外国涅槃，此翻名灭，灭烦恼故，灭生死故，名之为灭。离众相故，大寂静故，亦名为灭。"《涅槃经》也说："灭诸烦恼，名为涅槃。"可见"涅槃"是指息灭贪、嗔、痴、慢、疑等诸烦恼、生死、痛苦、人我、无明，而达于寂灭无染，充满快乐、光明、自由自在的解脱境界，而不是如一般人以为的，人死了以后才叫"得大涅槃"，这是对佛教很大的错解。

过去佛教也一直给人悲观消极、遁世避俗的印象，这是因为一般人对佛教所说的"苦"、"空"、"无常"等义理，有了错误的理解，以为佛教只是消极地讲苦、讲无常，却不知道其中的目的，是为了让众生认识苦、空、无常的人生真相，从而发起欣乐厌苦之心，积极地追求究竟涅槃之乐。因此，我们对于三法印应有如下的认识：无常才有希望、无我才能和众、涅槃才是究竟。

三法印所说的苦、空、无常，乃至涅槃寂静，这些都是佛法的基本常识，也是宇宙人生的真理。真理是恒常如此，本来如此，所谓"法性法尔，若佛出世，若未出世，此法常住"。当初佛陀证道成佛，但是他并非真理的创造者，只是真理的发现者，所谓"法尔如是"，所以佛陀说：自依止、法依止、莫异依止。

在原始佛教的教理当中，三法印是缘起说的思想基础，缘起说是佛陀教法的代表，两者意义相通，同为最初的根本佛法。因此，若能理解三法印，也就能把握佛陀的根本思想，自然就能与真理相应了。

至于什么是佛教的真理？佛教的真理到底有哪些呢？广义来说，佛陀一代教说，三藏十二部经典，契理契机的道理，都是真理。例如上述提及的"正见"、"缘起"、"空"、"般若"，乃至"三法印"等，都是佛教的真理。以下再就佛法的根本要义，略述数点如下：

（一）**苦聚**：苦，通常是指我们受到业、妄想、烦恼之控制，而有五阴炽盛的身心痛苦感受。所谓"苦受"固然是"苦苦"，"乐受"也会"坏苦"，"不苦不乐受"也会"行苦"。总之，四大、五蕴所积聚的人生就是苦聚，苦聚是人生的实相，所以必须寻找灭苦的方法，才能超越娑婆苦海，从忧悲苦恼中得到解脱，也就是"照见五蕴皆空"，才能离开苦聚。

（二）**无常**：即前述"三法印"的"诸行无常"，也就是指世间万象，无一不是在刹那生灭变化之中，没有一样是常

166

住不变的，所以说"无常"。但是"无常"也不一定都是不好的，幸福的人生是无常，穷困的人生也是无常；唯有超越世间无常，才能获得永恒自在。

（三）**无我**：即"三法印"的"诸法无我"。因为世间万法并没有一个真正可以主宰的"我"，或是可依赖的"我"。例如，吾人要求青春永驻、希望永远不生病，追求永远幸福安乐的人生，可是哪里能如我所愿呢！因为"我"做不了主，凡事由不得"我"，所以佛教讲"诸法无我"，这是因为宇宙万有都是因缘和合所生，不能单一、独立或自我单独地存在，所以人生要超越"假我"的执著，才能证得"真我"的自性涅槃。

（四）**业感**：业，是指"行为"、"行动"或"造作"的意思，它包括身体、语言、思想三业。"业"，无论善恶好坏，都会产生一种力量，能驱使我们去造作新的行为，而新的行为又会产生新的力量。如此行为生力量，力量又推动行为，辗转相生，就形成了业力轮回。所谓自作自受，就是有情生死流转的动力，由此形成了惑、业、苦，不断循环，相互纠缠。

（五）**因果**：因果是指宇宙生灭变化的法则，《瑜伽师地论》卷三十八说："已作不失，未作不得。"这揭示了佛教因果论的特点，说明万事万物都是仗"因"托"缘"，才有"果"的生起。而此"果"又成为"因"，等待缘聚又生他果，如是相依相摄，因缘果报形成了森罗万象、无穷无尽的世界。

（六）四圣谛：是指苦、集、灭、道四种真理。"苦"，泛指逼迫身心苦恼的状态；苦谛就是说明人生实相是苦的道理。"集"，积聚、招感的意思；集谛就是指形成痛苦的原因，众生由于无明、贪爱、嗔恚等烦恼的驱使，而积集种种恶业，然后依照种种业报而招致种种苦果。"灭"，寂灭的意思，也是"涅槃"的异名；灭谛是指灭尽贪、嗔、痴等烦恼，而显现出清净的真如体性。"道"，是通达的意思，能通至涅槃，故名为道；道谛就是指从痛苦的此岸到达涅槃的彼岸所必经的道路，也就是证得涅槃的正道。

苦、集二谛是迷界的世间因果，集是因，苦为果；灭、道二谛是悟界的出世间因果，道是因，灭为果。四圣谛是一切佛法的纲要，佛陀最初在菩提树下证悟的内容，是宇宙缘起的真理，只是缘起法则深奥难解，佛陀恐怕骤然宣说，将使尚未起信的众生望而生畏，所以在初转法轮时，佛陀再三以"四圣谛"来说明众生生死流转及解脱之道的缘起道理，进而激发众生厌苦修道的决心，目的就是要使众生"知苦、断集、修道、证灭"。

（七）八正道：就是"正见"、"正思维"、"正语"、"正业"、"正命"、"正精进"、"正念"、"正定"。由"正见"可以了然苦、集、灭、道四谛的道理，这是八正道的主体。再由"正思维"以增长真智。然后"正语"就是修口业，不作妄语，等等。其次"正业"以大智般若灭除一切邪业，使身心能够安住于清净正业之中。进而"正命"，使身、口、意三业都能合乎正法而行止。"正精进"就是要发心修习涅槃之道。至于"正念",则以真智忆念正道,并且没有丝毫的邪念。最后的"正定",即必须做到清净的禅定。

"八正道"是教导我们脱离邪非的八个方法,所以是"正";最后进至涅槃的境界,也就是"道"。如果真能坚定信念,努力奉行八正道,就具足宝贵的知见了。

(八)**十二因缘**:十二因缘是说明吾人三世流转的生命,是由"无明、行、识、名色、六入、触、受、爱、取、有、生、老死"等循环相续的结果。也就是说,有情众生由于一念"无明",因而造作各种"行"为,因此产生业"识",随着业识投胎而有"名色",继而"六入"成形,借着六入接"触"外境而产生感"受",而后生起"爱"染欲望,进而有了执"取"的行动,结果造下业"有","生"命的个体就此形成;有了"生",终将难免"老死","死"又是另一期生命的开始。于是就在"无明缘行,行缘识,识缘名色,名色缘六入,六入缘触,触缘受,受缘爱,爱缘取,取缘有,有缘生,生缘老死"的循环之下,有情众生一期又一期的生命便因此流转不已,构成有情生死的这十二个条件互为因缘,因此称为"十二因缘"。

十二因缘显示的是有情生命流转的因果关系,当中"无明"和"行"是过去世的因,依此二因而生出"识"、"名色"、"六入"、"触"、"受"等现在世的果;再由现在世的"爱"、"取"、"有"再次种下未来世"生"、"老死"的果。

我们每个人都有过去、现在、未来三世流转的生命。生命究竟从何处来?又将往何处去呢?只要了解"十二因缘",

只要我们开启般若的慧眼，就会知道生命的去来了。

有般若就能知道生命去来的实相，有般若也才有忍的力量面对现实的人生。人在世间生存，要有智慧、要有力量才能化解一切困难，才不会被逆境打倒。忍是智慧，忍是力量，忍是认识、接受、担当、负责、处理、化解的意思。佛教讲"忍"有三个层次，即：生忍、法忍、无生法忍。

"生忍"就是对生存条件的认识，进而具备处理的力量；"法忍"就是对宇宙诸法的了解，从而直下承担，转化心境的作用；"无生法忍"就是如实知见一切事物不生不灭，进而自由自在游诸国土度脱众生的世界观。

所谓"生忍"，一个人要维持生命，必须要能忍。例如，为了工作上班，必须早起赶公交车，必须忍受塞车、寒热、睡眠不足等身体上的疲累之苦，乃至人事上的意见不合、爱恨情仇等。可以说，人要维持生命，要能生活下去，就必须忍耐，这就是"生忍"；生忍就是一种从生活中淬炼出来的智慧与力量。

所谓"法忍"，就是吾人除了维持基本的生存之外，还要活得自在，所以心理上的贪嗔痴成见，都要能自我克制、自我疏通、自我调适。也就是体认一切诸法和事物的实相为"缘起缘灭"，把心安住于此真理而不为生灭所动。例如，对于世间上的生老病死、忧悲苦恼、功名利禄、人情冷暖等，不但不为所动，而且要能真正地认知、处理、化解、消除，这就是"法忍"。法忍就是一种体悟"缘起性空"，明白因缘果报，通达事理人情的般若智慧。

所谓"无生法忍"，就是忍而不忍的最高境界，是了知一切法本是不生不灭，无所谓忍或不忍，一切都是法尔如是，这就是"无生法忍"。无生法忍是一种觉悟无生之理，察见一切无生之法的实相智慧。

总结"忍"的意义："生忍"是为了生存在人间所酝酿的耐力；"法忍"是在转识成智，是用佛法所产生的智慧；"无生法忍"则是随缘随处能洞察一切事物本不生灭的自在境界。能够拥有"生忍"，就具足面对生活的勇气；能够拥有"法忍"，就具备斩除烦恼的力量；能够拥有"无生法忍"，则在在处处无不是桃源净土、自由自在的世界。

多年来我在世界各地推动人间佛教，所谓"人间佛教"，就是以佛法来美化人间，也就是把佛陀对人间的教化、开示，一一落实在生活里，透过对佛法的理解与实践，增加人间的幸福、快乐、美满。所以我把"人间佛教"定义为"佛说的、人要的、净化的、善美的"，举凡"佛说的"三皈五戒、四摄六度、四无量心、缘起中道、无常苦空、五停心观、三十七道品等有助于提升人性之"净化、善美"本质，也就是人生所需要的教理，都是人间佛教所要弘扬的佛法。只是佛教的经典汗牛充栋，常令有心学佛的人望而兴叹，因此多年来我云游在世界各地，经常遇到信众问我："我们想信仰佛教，但是佛教书籍那么多，不知道要看哪一本书，才能全盘了解佛教？"

对此，为了让有心深入佛法堂奥的社会大众，能够有系统、有组织、有条理地了解佛法的全貌，我经过数十年的蕴酿，编纂一套《佛教丛书》，把佛教的内容分为十类：一、教理，二、经典，三、佛陀，四、弟子，五、教史，六、宗派，七、仪制，八、教用，九、艺文，十、人间佛教。每一类编纂成一册，以三十万字为限，力求条目清楚，文字简洁，内容不相重复而互辅互成。其中"教理"的部分，我更依照学佛的次第，以及学佛应该认识的根本教理，分门别类地简单介绍，例如：

（一）怎样做一个佛教徒："皈依三宝"、"受持五戒、八关斋戒、菩萨戒"、"奉行八正道"。

（二）最初的根本佛法："缘起"、"四圣谛"、"三法印"。

（三）佛教的真理是什么："空"、"业"、"因果"、"中道"。

（四）佛教的主观与客观："十八界——心物结合的世间"、"五位百法——百种心事的内容"、"转识成智——成佛必备的智慧"、"一念三千"。

（五）真实的自我："心"、"性"、"明心见性"。

（六）学佛的次第："信解行证"、"五乘佛法"、"三学增上"、"止观双修"、"四禅八定"、"五停心观"。

（七）学道者的魔障："五欲六尘"、"三毒五盖"、"生死烦恼"。

（八）三世流转的生命："十二因缘"、"十法界"。

（九）佛教的圆满世界："涅槃寂静"、"解脱自在"、

"法身实相"。

（十）佛陀的样子："三身——法身、报身、应身"、"三十二相、八十种好"、"佛陀十号"。

（十一）佛教的时空观："时间刹那不算短、劫波不算长"、"空间须弥纳芥子、微尘容虚空"。

（十二）佛教的宇宙观："三界二十八天"、"天堂与地狱"、"三千大千世界"。

（十三）佛教的人生观："苦乐交集"、"五趣流转"、"四大皆空"、"五蕴非有"。

（十四）佛教的净土思想："五乘共法的净土——兜率净土"、"大乘不共法的净土——极乐、琉璃净土"、"人间佛教的净土——唯心、华藏、佛光净土"。

（十五）人间佛教的建立："从人道到佛道"、"从入世到出世"、"从自利到利他"

（十六）人间佛教的生活："四恩总报"、"食存五观"、"三轮体空"。

（十七）如何实践佛法："惭愧忏悔"、"发心立愿"、"六度四摄"、"四无量心"、"回向"。

（十八）佛学的组织法："三藏十二部经"、"结集"、"判教"。

以上只是希望有缘阅读此部《佛教丛书》的人，都能对佛教的真理有完整的认识与了解。佛教的真理告诉我们：要离"苦"，才能得安乐；要知"无常"，才能有希望；要懂

"无我"，才能融入大众；要明"空性"，才能真空妙有；要消"恶业"，才有美善的人生；要识"因果"，才能心甘情愿；要透"缘起"，才能真相大白；要行"中道"，才能安身立命；要证"般若"，才能自由自在；要圆满"涅槃"，才能究竟人生。

综上所说，般若是佛教的主轴思想，尤其阐扬"缘起"，成为宇宙最高、最微妙的真理。般若的层次内容，说明真理要有平等性、必然性、普遍性，尤其"平等"是今日世界人类和平的一个重要轴心，我在"佛光人四句偈"里就写到："慈悲喜舍遍法界，惜福结缘利人天，禅净戒行平等忍，惭愧感恩大愿心。"

平等是和平的希望之所系。现在举世各界，包括学术界、政治界、宗教界等，都在倡导和平，但是大部分都只在利害关系上着眼，所以不能和平。唯有佛教的无我、慈悲、尊重、包容，尤其还要有般若的平等，才能克竟其功。因为世界所有伟大的、崇高的、深远的、殊胜的事物，没有一个不具备平等的内容，例如阳光普照大地、空气普及一切、流水普润万物、大地普载众生，所以佛陀证悟平等，他也倡导"四姓出家，同为释氏"的平等观。因此，有了般若的平等，才有和平的希望，才是人类的光明；能以平等为基础，和平才有真正实现的一天，而不会沦为空洞的口号。

二、慧的开发——知识巧思，人间慧解

如前所说，般若不等于知识，般若不必外觅，般若是从我们真如自性中流露出来的智慧方便；但是般若自性的开发，则需要透过"闻思修"，才能进入"三摩地"，所以学佛要"多闻熏习"，而且要"法门无量誓愿学"，尤其要发愿"众生无边誓愿度"。

学佛既然要发度众之心，自己就先要具备各种知识、能力。在古代印度有所谓的"五明"，即：

（一）声明：语言学、声韵、训诂、音乐。

（二）工巧明：科技工艺的知识。

（三）医方明：卫生保健、医药的知识。

（四）因明：逻辑推理、论理学。

（五）内明：专心思索五乘因果妙理之学，或表明自家宗旨之学。

以上五明，涵盖面虽然很广，然而在今日多元化的社会，似乎已不敷所需。现在的社会，是个知识爆炸的时代，各种学问五花八门，诸如哲学、科学、文学、医学、心理学、天文、地理、艺术，等等。虽然知识不等于智慧，更不是般若，但知识是人生的动力，有了知识，可以改变自己的气质；有了知识，可以明白做人处世的道理；有了知识，可以为国为

民做出许多建国的方案和计划。有了知识，工商的品质就会不一样；有了知识，科学、哲学就能提升；有了知识，才能启发思想，甚至改变世界。

就拿东西方文化的发展来讲，西方哲学家一开始就研究人类与自然、人权与神权、人与天争等问题，他们重视人的存在价值，所以从哲学演变到后来，科学昌明，科技特别发达，因此西方社会十分重视"实用主义"。反观东方哲学，一向重视人心与性善、性恶的探讨，对人伦、道德、心性等人的精神世界之说明，着墨很多，因此西方文化重视物质文明，东方文化重视精神世界，此中早已见出端倪。

早期的西方哲学家，如苏格拉底、柏拉图、亚里士多德等，他们开启了西方哲学的大门。尤其苏格拉底被称为"西方哲学之父"，在他之前，西方哲学一向偏重于宇宙自然的研究，到了苏格拉底才开始关心起与社会人生有关的伦理道德等问题。他开创的人生哲学，扩大了西方哲学的思想领域，其弟子柏拉图虽然是个"唯心主义"者，但他的"理想国"希望把国家制度化。柏拉图的弟子亚里士多德倡导"实践哲学"，以改善人类生活的伦理学为思想特色。因其师承苏格拉底以街头为学术殿堂的自由学风，反对刻板的教学法，后人尊为"逍遥学派"的师祖。他们的学说主张，至今仍为世人所推崇。

此外，尼采否定神权，肯定人存在的价值，主张重估一切价值，是"存在主义"的先驱之一；康德以自然科学来探讨哲学理论，是"唯心主义"的创始人；笛卡尔"我思，故我在"的理性主义，被认为是西方现代哲学的奠基人。乃至黑格尔的《精神现象学》鼓励人类追寻真理，卢梭呼吁人类从现代文明重返自然，甚至悲观主义的叔本华，其"意志第一"的学说，还是带给后世对人生充满无限的希望。

不过，在西方诸多哲学思想家的学说理论当中，尤以达尔文的"进化论"，说明宇宙万有都是"物竞天择，适者生存，不适者淘汰"，此说推动了世界的一大进步。另外，爱因斯坦的"相对论"之发现、哥白尼的"日心说"推翻以地球为中心的宇宙观等，都对人类社会产生极大的影响，大大改变了整个世界对宇宙"现象界"的认识。

其他如西方心理学家弗洛伊德是精神分析理论的创始人，也是西方学术史上首位重视人类潜意识作用的思想家，他以此发明，媲美牛顿与哥白尼在科学上的成就。其弟子荣格，继续阐扬潜意识理论，对东方的佛教、禅、瑜伽等，有相当精深的研究。总之，因为有这许多伟大的思想家，因此西方文化在世间的文化思想界里，显得格外突出。

西方文化从哲学慢慢也发展出文学、艺术等，诞生了很多伟大的诗人、艺术家，如莎士比亚、托尔斯泰、大仲马、雪莱、拜伦、米开朗基罗等，他们的诗歌、散文、小说、雕刻等文艺作品，不但美化了世间，更丰富了人类的精神世界。尤其欧洲的"文艺复兴"运动，透过复兴古典文化，推动人文主义的信仰，重视人文现实的关怀，是人类一次伟大的精神革命。

继文艺复兴运动之后，马丁路德的"宗教改革"又一次开创了历史性的新纪元。因为西方自宗教革命以后，掌权的帝王一方面利用宗教巩固政权，同时也帮助天主教、基督教的发展，于是政治与宗教、哲学凝聚一起，相互为用，共同发展。

相对的，在东方文化方面，东方哲学从印度的佛陀到龙树、无着、世亲，再到中国的老子、庄子、孔孟等诸子百家，佛儒交融，成为东方文化思想的一大特色。

此中佛教从印度的龙树、无着、世亲，把"空与有"融和，发展出大乘佛教的"中观思想"，一直到了中国更发展出"大乘八宗"，尤其禅学在中国更是一枝独秀。近代太虚大师总结中国佛教，立为大乘三宗，即：法性空慧宗、法相唯识宗、法界圆觉宗。法性空慧指各部《般若经》及宗《般若经》的诸论；法相唯识包括法相学与唯识学；法界圆觉学指《法华经》、《维摩经》、《华严经》、《楞伽经》、《楞严经》、《圆觉经》及净土方面等有关法界、如来藏等诸经论。后来印顺法师又将印度大乘佛教分判为性空唯名、虚妄唯识、真常唯心三大系，此与旧说大异其趣。性空唯名论，指中观大乘；虚妄唯识论，指瑜伽大乘；真常唯心论，指如来藏思想。

除了佛陀的佛教哲学思想博大精深，代表着东方文化，影响着举世人类之外，在中国则有老子、孔子、庄子等诸子百家的学说，也是大放异彩。其中老庄哲学谈"清静"、"无为"，崇尚"自然"、"本性"；孔子主张"以仁为本"，成为中国文化思想的正统，历代帝王莫不尊为治国之本，所谓

"半部论语治天下"，由此可见其社会地位之高，俨然成为中国文化思想的主流。

孔子"崇仁"，孟子"尚义"，并且由"义"扩充出"仁、义、礼、智"四端，认为人要有恻隐之心、羞恶之心、辞让之心、是非之心。孟子主张"性善论"，与荀子的"性恶论"相对。荀子认为人性要靠后天的努力学习，才能向上、向善，所以提出"积学"的重要。

此外，墨子的"兼爱"、韩非子的"重法"，以及管子的"富民"、列子的"贵虚"、晏子的"廉政"等学；乃至魏晋南北朝的玄学、宋代的理学、明代的心学等；甚至中国历代的文史学家，如中国第一位大诗人屈原、汉赋大家司马相如、史学家司马迁、建安文学的开创者曹植、中国第一位女诗人蔡文姬、田园诗派的创始人陶渊明、山水诗派始祖谢灵运，以及唐代的诗人王维、李白、杜甫、白居易、杜牧、李商隐；乃至宋代的诗词名家李清照、黄庭坚、陆游，尤其古文八大家韩愈、柳宗元、苏洵、苏轼、苏辙、欧阳修、王安石、曾巩，等等，他们的学说主张、诗词散文等旷世之作，都使得中国文化在文、史、哲等相互激荡下，百花竞放，显得灿烂缤纷，多彩多姿。

尤其自从汉代佛教传入中国以后，缘起、业力、因果报应等思想，融入中国社会，更加深化中国文化的内涵。在中国的大乘八宗当中，比较重视学术义理的有天台宗、华严宗、法相宗及三论宗；比较重视实践修行的宗派有禅宗、净土宗、律宗及密宗。虽然华严、唯识、空性等学说没有被纳入中国文化的主流，但是"禅学"倒是成为中国文化的一朵花。

佛教一向具有尊重、包容的性格，佛教主张"不舍一法"，如佛陀所说"一法即一切法"。因为佛教没有排他性，佛教认为信徒读了老子学说，了解所谓"道可道，非常道"，从而扩大自己的思想，也不无利益；佛教对于庄子的任性逍遥，与大自然结合的洒脱思想，尤其"庄周梦蝶"，以及庄子与惠施论道："子非鱼，安知鱼之乐？""子非我，安知我不知鱼之乐？"其思想之奔放，如禅之不拘形迹，佛教也认可这些思想，所以人间佛教的行者不排斥老庄学说。

此外，孟子"性善"、荀子"性恶"、墨子"兼爱"之主张，不舍一法的人间佛教也是将之兼容并蓄，使得佛教更加缤纷多彩。乃至魏晋南北朝时，佛教以老庄的"无"来诠释般若的"空"，形成"格义佛教"；后来中国文化甚至吸取佛教之长，发展成为宋代理学。这一切都是说明，在中国的文化里，佛儒一直都是交相融汇的。

除了哲学思想以外，中国文学重视文字之美，文学家们以诗情画意的诗词散文来描述佛教，把佛教的十二分教与文学互用，例如，长行就是散文，重颂就是诗歌，使得佛教终能在百花竞放的中国，和诸子百家一起相互共鸣，因此佛教的发展，后来禅走进寺院，净土走进民间，唯识、三论走进学者群中。

佛教的八万四千法门，门门都可以入道。佛法分为"真、俗"二谛，真谛又名"第一义谛"，或"胜义谛"，是出世间法；俗谛又名"世俗谛"，是世间法。佛陀的一代时教，都不出此二谛法门，尤其在化世的运用上，佛法和世学更要融和运用。

　　佛法太世俗化、被世俗所化固然不可贵，如果太过于出世，则不容易为人所接受，所以要"二谛圆融"。所谓"佛法在世间，不离世间觉"，因此人间佛教主张，面对现代科技文明，资讯新知日新月异的社会，佛法应该现代化、生活化，针对当前的问题，提出解决的方法，所以要"佛法为体，世学为用"。佛法之体，是拔苦与乐；佛法之用，是融和方便。如佛陀年少时即遍学五明；出家后，遍访诸师外道沙门。因为佛陀贯通世、出世法，故能教化不同对象，应病予药，解脱他们的身心苦恼。

　　我自己从小在栖霞律学院读书，由于栖霞图书馆拥有来自乡村师范学校的图书，当时真是得其所哉，每日大量看书，从中国的章回小说，到西方的长篇文学，从散文小品，看到名家著作，像《基督山恩仇记》、《战争与和平》、《老人与海》、《浮士德》、《少年维特的烦恼》、《茶花女》，托尔斯泰的文学、杜威的哲学，等等，先后看了不少。甚至因为爱好文艺著作，在大陆时，举凡胡适之、林语堂、巴金、鲁迅、老舍、茅盾，乃至冰心、郭沫若、沈从文、许地山等人的诸多作品，可以说无所不看。及至到了台湾，谢冰莹、琼瑶、高阳、徐訏等人的散文、小说，无论是古典的，现代的，我也都一一拜读。

　　我深愧自己出家以来，不能深入三藏，对于世间的学问，也没有博古通今的本领，不过我能运用"横遍十方，竖穷三际"的法则来阅读书报杂志，使我在忙碌的弘法行程中，犹能神游古今中外的典籍。我往往以现在所读与过去经验比较分析，综合组织，并且与日常生活、社会现象加以印证，故能将片面的知识融入自己的生命，所以发而为言，也都能旁征博引，虽然自惭未能有所高论，唯自忖尚能深入浅出，不曾误导众生。

我也曾多次率领佛教团体出国访问、朝圣，并且经常奖励弟子、学生们到各处去参访巡礼。所谓"读万卷书，行万里路"，我希望大家效法善财童子五十三参，借着瞻仰圣迹，大家能从佛教的历史中，激发道念信心，找寻兴衰得失的脉络；借着走访国际，大家能开阔视野，广为汲取经验，扩大人生的领域。

尤其面对当今社会问题层出不穷，我认为佛教徒不能逃遁于山林，而不顾众生疾苦。应该对民生经济、国际形势、民主人权、自然生态、教育改革、种族冲突、优生保健、生态环保、家庭暴力、试管婴儿、器官捐赠、风水地理、看相卜卦等种种问题，以佛法的智慧，提出契理契机的对治办法。

此外，对自杀、死刑、核武、战争，以及安乐死、复制人等问题，皆应汲取世间的医学、心理学、教育学、生化科学为用，融和佛法的理体，以解除现代人的迷思。例如：以佛法的缘起观，结合心理咨商课程，让大家懂得尊重生命，珍惜人身；以佛法的因果观，举办各种成长教育，让大家懂得惜福结缘，惭愧感恩；以佛法的轮回观，邀请专家论文发表，让大家明了薪火相传，生死一如。

再如以缘起中道的真理为体，以四摄六度的方便为用，广纳世间万法，如善财童子寻访五十三位老师，学习世间的天文、地理、医药、算术、航海、贸易等知识，学贯内学外学之后，才能进入毗卢华藏世界之中。

总之，我们在世间生活，对世间的学问不能不有所认识，对世间法了解愈多，才能针对世间的问题给予指导。例如佛世时，有一位比丘，名二十亿耳，出家前是一名琴师。随佛出家后，急于证果，日夜不懈地精进修行，结果不但久久没有开悟，反而把身心弄得疲惫不堪，因此生起了退转心。佛陀知道后，晓喻他说：譬如琴弦，太紧则弦易断，太松则弹不成调，唯有急缓得中，才能弹出美妙的音乐来；修行也是如此，过分急躁或懈怠，都不是正常之道。二十亿耳听佛开示后，调整自己的修行方式，终于在不久后，证得阿罗汉果。

佛法的弘传，讲究契理契机，除了契合众生的根机，还要契合时代的发展，例如："宇宙中，除了地球以外，其他星球到底有没有生命存在，到底有没有外星人？"这是近代太空科学家最想揭开的谜。自从一九九七年七月五日，美国太空总署成功地发射"开拓者号"上火星，鼓舞了科学家的信心，希望有一天人类可以前往火星旅行，甚至移民到那里，届时火星上自然就会有"火星人"。

事实上，早在两千多年前，《阿弥陀经》就记载着："过此十万亿佛土，有世界名曰极乐，其土有佛，号阿弥陀。"佛陀说法时，很多菩萨都是来自他方佛国。此外，佛经中很多佛菩萨也都以天文为名，例如日光菩萨、月光菩萨、虚空藏菩萨、星宿王如来、法界智灯王等，可见佛经的天文思想遥遥领先了今日天文学家的研究达两千多年之久。

另外，也常有人好奇，想要探究天空到底有边无边？这在佛教看来，佛教认为探究天空有边无边，不能帮助我们解脱生死；有智慧才能解脱，这才是佛法。再说，宇宙无穷无尽，哪里是天？哪里是地？这都是一种里外对待。基本上，佛教讲法界，讲虚空，讲无穷无尽，例如《华严经》的华藏世界，重重无尽，所以，佛教的天文学不仅开拓了人类的思想领域，更重要的是，它帮助了很多学者找到了思想的出路，开阔了更宽广的思想空间。

尤其佛教的缘起、业力、因果、佛性等思想义理的提出，乃至"佛观一钵水，八万四千虫"、"三千大千世界"之他方世界的发现，一方面印证科学，同时也说明佛教的说理很符合科学验证，不是迷信。

佛教的无常、四大、五蕴，就是对物理、心理的分析；佛教的极微、刹那，是时空的测量；佛教以"如梦幻泡影"来形容雷电、虚空，甚至佛陀为了明示五蕴虚幻不实，曾举五喻说明，所谓"色如聚沫、受如水泡、想如阳焰、行如芭蕉、识如幻事"，其中"阳焰"是经过阳光折射，致使旷野看上去似乎有水，但实际没有。佛陀以此来形容幻象。

佛教讲"三千大千世界"，现在科学已知银河系有无数星球；佛教讲"佛观一钵水，八万四千虫"，现在从显微镜下观察，事实的确如此；佛教的《阿弥陀经》说"极乐世界距此世界十万亿佛土"，说明距离十分遥远，但一念之间，随念即至。佛教此种时空观，引导科学超越物理的极限，尤其佛教讲"法无定法"，对科学家是很好的启示。

佛教随着科学的发展，用佛法解释科学的现象，为科学未来的发展提供出路，也引领人类认真思索一些问题，例如：

1. 人类利用科技可以登陆月球，但是科技可以帮助我们登陆极乐世界吗？

登陆月球是物质的世界，往生极乐是精神的世界，是即刻的。

2. 现代的医学，透过器官移植可以更换五脏六腑，但是头脑可以移植吗？思想可以移植吗？

佛教认为人的色身是"四大"、"五蕴"和合而有，因缘和合的色身假我有生老病死，但是真正的生命是不死的，所以器官可以移植，但生命不能替换。

3. 医学可以改变基因，但可以改变人类的厄运吗？

"基因"其实就是佛教的"业力"，"业"就是行为的造作，一个人的命运，由自己的善恶业来决定，只要做善事，自然能够改变厄运，所以"行善不为恶"，就是"基因"改造。

人间佛教主张，佛法要能融会古今，尤其世法、佛法要能相互为用。佛法除了能帮助科学家开拓思想领域之外，对于现代心理学，也有很好的说明。

现代心理学是一门以研究人类精神生活为对象的学科，其源头包括医学、哲学、科学、宗教学、教育学、社会学，等等，后来也被应用于各种学科、事业之中。今日社会中，举凡教育、工业、商业、医学、军事、法律、政治、社会、科学、艺术、运动等，无一不与心理学有关，因此心理学的重要性也与日俱增。

心理学是观察意识形态的心理作用及行为模式，西方心理学家能研究人格的发展过程以及行为的潜在因素，但却无法做到人格的改造，因为它有一定的范围限度。反观佛教，不但对人类心理有充分的了解，并能提供对治方法。如《华严经》云："了达三界依心有，十二因缘亦复然，生死皆由心所作，心若灭者生死尽。"佛教对"心"的诠释，有诸多层次的分析说明，更用许多的譬喻来阐释我们的心，进而教导我们如何找心、安心、净心——足见佛教心理学凌驾于西方心理学之上。

佛教是哲理的科学，佛教重视理性、智慧的化导，佛教认为世间知识学问的获得，虽然也能开拓人类的视野，但是如果没有正知正见，也很容易流于邪慧、狂慧，不仅使自己受害，犹有甚者，还会形成人类的灾难，所以佛教主张真理才是宇宙人生的最高指导。

学佛首重闻法，因为听闻正法才能获得真理的智慧，所以学佛要广学、净学、博学。以下列举有关闻法的德目，以帮助修学者建立正确的闻法心态。

（一）听经闻法：此方真教体，清净在音闻。闻法是信教入道的第一步，佛法中一切功德多由闻法而来。

（二）读书阅藏：读圣贤书，阅经、律、论三藏以外，对历代圣贤大德著作更要广学研究。

（三）广学多闻：学佛要多闻熏习，而且要法门无量誓愿学。

（四）闻空不惊：诸法自性本空，空才能建设有，能够正确认识缘起性空的真理，便能闻空不惊，此乃大智慧也。

（五）闻善着意：闻善言不着意，非人也；闻善着意，才是堪受佛法的大器。

（六）会意深思：闻法要用心领会，不断思维，才能够心开意解，心领神会。

（七）谛听正解：闻法要谛听、善听、兼听、会听。

（八）正闻正思：佛法以闻思修而入三摩地，听闻正法，并且长时忆念正法。

（九）乐观明理：学佛者应明白因缘果报、缘起性空的真理，自能乐观豁达，智慧明理。

（十）福慧双修："修福不修慧，大象披璎珞；修慧不修福，罗汉应供薄。"皈依佛，两足尊，即福慧具足之意。

（十一）成就辩才：口常行慈，修习善语，可得无碍辩才。

（十二）广为宣化：佛法要广为传播，广为宣化，自他皆能成就。

（十三）请转法轮：经常举办佛学讲座、印行佛书等。

（十四）亲近道场：选择有缘的道场，并亲近善于说法的善知识。

（十五）明辨是非：不要太计较利害得失，应该要明辨是非。

经云："吾有法乐，不乐世俗之乐。"所谓"法"，就是真理。真理所带来的快乐，才是真正永恒的快乐。什么是法乐呢？五戒十善是法乐，六度四摄是法乐，四无量心是法乐，因缘果报是法乐，有空中道是法乐。心中有了法乐，对于五欲六尘不拒不着；心中有了法乐，对于世间不厌不求；心中有了法乐，到哪里都能安然自在；心中有了法乐，当下就是极乐世界。唯有以无边的法乐为舟筏，才能使我们度过生死的波涛，到达"常乐我净"的彼岸。

三、慧的应用——生活行仪，人间慧用

在《大乘起信论》提到，众生"一心开二门"，即"心真如门"与"心生灭门"。又说一心的本体、相状、作用广大无限，所以称体大、相大、用大。"体相用"三者不可分割，本体的精神、意义，要能随机、随缘、随宜地权巧应用，才能发挥它的价值。

般若智慧就是我们的"心真如门"，般若不是谈玄说妙，要表现在生活行仪上，成为人间慧用，才有意义。当初佛陀在灵山会上拈花，迦叶破颜微笑，师徒印心，禅于是成为人间的一道光明。佛陀成道后，五比丘相约不理睬佛陀，但是当他们见到成道后的佛陀，被佛陀的威仪摄受，忍不住跪地礼拜，并且再度随侍佛陀，于是成为佛教"最初的僧宝"。佛陀的行仪度化，就是人间的慧用。

山东湛山寺倓虚大师，有一次在佛前上香，一位王居士刚好来寺，居士深受大师虔诚肃穆的行仪感动，主动捐钱为他建了"湛山寺"，作为弘法道场。在禅门里，祖师栽松、锄田、筛米、扫地等生活行仪，都是禅；就是喝茶吃饭、着衣持钵、出坡作务、应酬往来、扬眉瞬目、语默动静，也都藏有微妙的禅意和开悟的因缘，这也是人间的慧用。

在丛林里面，所谓"行如风、立如松、坐如钟、卧如弓"，行止间特别注重威仪。甚至平时上殿要排班，吃饭要过堂，举止进退皆有规矩，在在都要学习。但是一般人心里会想："都几十岁的人了，还不会走路吗？吃了几十年的饭了，还不会吃饭吗？"这是因为不了解寺院的规律。寺院不同于俗家，在寺院中，一举一动都是修行，走路吃饭睡觉都可以参禅，这其中都有很深妙的解脱境界。所以，到了丛林里，你会感到自己确实是不会走路，不会吃饭；身心千般束缚，积年累月成了习惯，确实需要一一用心摆脱。吃饭端碗，要如"龙吞珠"；持箸夹菜，要如"凤点头"；行进走路，要像雁阵一字排开，上身不能动，像头顶着一盆油，四平八稳地走。在丛林里真是事事修行，处处法门！有一首偈语，很能说明这些律仪：

举佛音声慢水流，诵经行道雁行游；

合掌当胸如捧水，立身顶上似安油。

瞻前顾后轻移步，左右回旋半展眸；

威仪动静常如此，皈依三宝复何忧。

佛门讲究"三千威仪，八万细行"，用意在培养一个人出众的威仪。昔日马胜比丘以威仪度化舍利弗，成为千古的佳话。因此，树立良好的形象，不但是做人的基本条件，更可以成为度众的方便法门。是以传统的丛林道场很重视制度，不但个人有戒牒，僧团也有清规。所谓"清规"，是指禅宗寺院组织章程及寺众日常生活的规则，也就是禅宗丛林关于大众行、立、坐、卧等威仪所订定的僧制，为众僧所必须遵守的仪规，类似现代的"共住规约"，是为僧众日常修行的规范，以及僧团组织、行事的依循。因此，"清规"是健全僧团的圭臬。

当初百丈禅师为禅宗丛林立下《百丈清规》，使得中国的僧团走向制度化、合理化的僧伽生活。例如明定四十八单职事，各司其职，使得寺务运作组织化、系统化；又订定各种修持行仪、日用轨范等，使得僧众具足威仪，心不放逸，身不踰矩。尤其设立住持一职，领众薰修，综理寺务，丛林规模于焉建立。

丛林清规，礼法有度；丛林生活，祥和有序。丛林道场体现了中国儒家所向往的天下为公、人人崇乐好礼的理想蓝图，无怪乎时人每见僧团两序行仪，无不慨叹"礼失求诸野"!

为了树立丛林规矩，落实生活佛法，我在佛光山特别建设宽广明净的云居楼，提供全山徒众与来山信众、游客一起过堂。每天到了用餐时间，全山职事、学生上千人，僧俗依序排班过堂的庄严队伍，常令游客赞叹、感动，可见庄严的威仪也能度众。

在佛门，语默动静安详，一切合法合宜，就是礼仪；身语意的行止，表现在外，就是生活的礼仪。礼仪合度，也能发挥无言的说教。唐朝时，曾因上表"谏迎佛骨"而被贬至潮州当刺史的韩愈，有一天去参访大颠禅师，大颠禅师正在坐禅，久久不出定。侍者看韩愈等得不耐烦，心里很着急，便在大颠禅师的耳边说："先以定动，后以智拔。"意思是说："禅师！你的禅定已经打动了韩愈的心，现在你应该要用智慧跟他说法。"韩愈一听到这两句话，很高兴，他说："幸于侍者口边得个消息。"

"先以定动，后以智拔"，就是人间的慧用，乃至仙崖禅师"感化夜游沙弥"、金代禅师"养兰不是为了生气"，以及佛陀的"杀一救百"、末利夫人的"饮酒救人"、一休和尚的"做人女婿"、丹霞禅师的"烧佛取暖"、石屋禅师的"教人偷心"，等等，都是般若的人间慧用。

此外，历代不少僧众以自己的风仪影响帝王，成为佛教的护法。例如，终南山惟政禅师曾入朝为唐文宗解释"蛤蜊观音"之事，启发文宗对佛教的信仰。西域高僧佛图澄，度化残暴杀人的石虎、石勒，解救无数生灵，二石尊佛图澄为师，时常请教社稷大事。佛图澄的弟子道安大师，曾劝谏苻坚休战。唐朝玄奘大师，在主持译经大业的同时，经常随驾太宗左右接受咨询国事，玄奘大师圆寂时，唐高宗罢朝三日，悲恸地对大臣们说："朕失去了一件国宝！"玄奘大师受到朝野崇仰之深可见一斑。

甚至禅宗初祖达摩祖师来到中国时，与梁武帝一番"对朕者谁"、"并无功德"的论道，虽然彼此机缘不契，达摩于是转往嵩山少林寺面壁，但这段对话却影响了后来中国佛教"有为法的福田不究竟，无为法的福德性才究竟"的思想。

可见一切法，只要能方便权巧、契理契机、随缘教化，就是人间佛教的慧用。我自己虽无古圣先贤的通达智慧，但有幸从小在焦山、栖霞、宝华山乃至常州天宁寺等丛林参学，在禅、教、律门下接受完整的丛林教育，从许多大德身上学习身为出家人应有的威仪。其中包括曾经担任宝华山维那的若舜老和尚、由金山禅堂出身的卓尘法师，都是我的戒师。另外，仁山法师、融斋法师、芝峰法师，我都曾跟他们请益过佛法。乃至一些年轻的学者，都是从闽南佛学院或岭东佛学院毕业出身，所有关于佛门的行仪，在他们严格要求下，我都能心领神会，所以直到现在，养成我走路腰背挺直、目不斜视，坐时只坐半座的生活习惯。佛门的"四威仪"在我来讲，可以说很自然地融入到身心生活里，因此我出众入世，在社会上走动，都能把这许多佛教的威仪运用、表现在行为上。

　　甚至影响所及，在我的思想理念里，时时刻刻无不思想着，如何在不违传统佛教的根本教义下，运用现代化的弘法方式，化为传教的方便。例如，我组织佛教歌咏队、灌制佛曲唱片、利用幻灯片作为弘法工具、开办儿童星期学校、设立学生会与弘法队、制作佛教广播节目和电视节目、举办空前未有的佛诞节花车游行，等等，乃至以"偈语教唱"、"说唱弘法"、"梵呗音乐会"、"人间音缘"等多样化的风貌弘法，接引不同层面的信徒学佛。甚至我首开在"大座讲经"中安排献供、节目表演等内容，希望达到"解行并重"的效果。

　　此外，我建设"净土洞窟"，把《阿弥陀经》所描写的极乐世界之庄严境界，以建筑实景呈现；我为了把佛教与艺文结合，从一间佛教文物陈列馆，到现在十余所的佛光缘美术馆，一方面宣扬佛教艺术之美，同时接引许多艺文界的朋友亲近佛教。

　　我尤其感于今日佛教随着信仰普及，虽然弘法的空间随之扩大，早已不再局限于寺院中，但是寺院永远是信仰的精神象征。寺院是僧众驻锡的道场，是佛法弘传的地方，是佛像供奉的殿宇，有了寺院，才有佛法僧三宝，才有佛教；有了寺院，才能传播教义，才能住持正法。

　　寺院可以说是佛教的代表，是信仰的中心，是信徒心灵寄托的所在。佛寺建筑是为了弘法，为了度众所需。寺院除了传播佛教真理之外，庄严的殿宇、宁静的气氛、祥和的梵唱、慈悲的教义，让社会大众在工作忙碌之余，尤其是遭遇挫折、彷徨无助的时候，自然想到寺院，不管是参加各种修行活动，或者只是在佛前瞻仰、礼拜，都能获得再出发的力量，所以我形容寺院就像人生的加油站，是心灵的百货公司，是希圣成贤的学校，也是善友往来的聚会所，更是去除烦恼的清凉地。

为了让寺院建筑的硬体设备能配合现代弘法的需求，我从过去只有佛殿的有限功能，扩增为现在具有讲堂、会议厅、抄经堂、礼忏堂、谈话室、图书馆、视听中心、文物陈列馆、美术馆、滴水坊、法物流通中心、停车场，甚至有研究室、电脑教室等设施。

我顺应现代上班族忙碌的生活，从过去开设都市佛学院，直到人间卫视的电视佛学院，乃至现在有了网络佛学院、远距教学等。我改良寺院仪制，诸如延后早课时间、改良课诵内容、开会唱"三宝颂"、三餐念"四句偈"，以及缩短三皈五戒的传授时间、水陆内坛佛事一律在白天进行，等等。

除了健全硬体设备，以及弘法方式力求日新月异外，我更尽量使用现代人能听得懂的语言来诠释佛法，务求让佛教与生活没有隔阂，例如：

我把"六和敬"诠释为：

见和同解：就是"思想上建立共识"。

戒和同修：就是"法制上人人平等"。

利和同均：就是"经济上均衡分配"。

意和同悦：就是"精神上志同道合"。

口和无诤：就是"言语上和谐无诤"。

身和同住：就是"行为上不侵犯人"。

我对"普贤十大愿"作了如是说：

一者礼敬诸佛，就是实践"人格的尊重"；

二者称赞如来，就是实践"语言的赞美"；

三者广修供养，就是实践"心意的布施"；

四者忏悔业障，就是实践"行为的改进"；

五者随喜功德，就是实践"善事的资助"；

六者请转法轮，就是实践"佛法的弘传"；

七者请佛住世，就是实践"圣贤的护持"；

八者常随佛学，就是实践"真理的追随"；

九者恒顺众生，就是实践"民意的重视"；

十者普皆回向，就是实践"圆满的功德"。

我对"皈依三宝"及"受持五戒"，做了如下譬喻：

皈依三宝：

佛如光；皈依佛，就是点亮心灵灯光，为自己建设
了一间电力公司；

法如水；皈依法，就是储蓄甘露法水，为自己营建
了一座自来水厂；

僧如田；皈依僧，就是长养菩提花果，为自己开发了一亩良田土地。

受持五戒：

不杀生，就是对别人的生命不侵犯；不杀生而护生，自然长寿。

不偷盗，就是对别人的财产不侵犯；不偷盗而布施，自然富贵。

不邪淫，就是对别人的名节不侵犯；不邪淫而尊重，自然和谐。

不妄语，就是对别人的信誉不侵犯；不妄语而守信，自然誉好。

不吸毒，就是对自己的理智不伤害；不吸毒而正常，自然健康。

我感于过去一般人认为佛教一再讲布施，好像学佛就是为了要布施给人，自己又能获得什么利益呢？为了扭转一般人的观念，我在《六波罗蜜自他两利之评析》论文中，对"六波罗蜜"做了如此注解：

布施可以种一收十，改造自己悭贪的性格；
持戒可以三业清净，改造自己恶性的行为；
忍辱可以自他得益，改造自己嗔恨的恶习；

精进可以无事不成，改造自己懈怠的因循；

禅定可以身心安住，改造自己散乱的思想；

般若可以观空自在，改造自己愚痴的认知。

所以：

（一）布施，是给人呢？是给己呢？看似给人，实际上是给己。

布施能度"悭贪"，是自己发财之道。

（二）持戒，是束缚呢？是自由呢？看似束缚，实际上是自由。

持戒能度"毁犯"，是自己平安之道。

（三）忍辱，是吃亏呢？是便宜呢？看似吃亏，实际上是便宜。

忍辱能度"嗔恚"，是自己做人之道。

（四）精进，是辛苦呢？是快乐呢？看似辛苦，实际上是快乐。

精进能度"懈怠"，是自己成功之道。

（五）禅定，是呆板呢？是活泼呢？看似呆板，实际上是活泼。

禅定能度"散乱"，是自己安心之道。

（六）般若，是外求呢？是内求呢？看似外求；实际上是内求。

般若能度"愚痴"，是自己明理之道。

另外，对于佛教经典时常利用"偈颂"来重述经文的意思，古德也提倡用四句偈来表达经义。四句偈简明易记，就如中国的诗歌，容易让人朗朗上口，所以我也学习古德，用四句偈来表达佛法。例如，佛陀十大弟子各有第一，我就依照他们的专长，写下："舍智连通说富那，须空旃论迦头陀，那律天眼波离戒，阿难多闻密行罗。"另外，我也曾以一首四句偈："密富禅贫方便净，唯识耐烦嘉祥空，传统华严修身律，义理组织天台宗。"点出八宗的特色。

过去古德用科判讲经，我曾经把《金刚经》用"无住生心、无我度生、无相布施、无得而证"四句话，概括讲解。我也曾把《大乘起信论》、《般若心经》等，做成表解，让人一目了然，易于掌握要点。

很多人研究佛教史多年，对整个中国佛教两千多年的发展，始终不容易理清脉络，因此我就想到把佛教自秦汉年间传入中国后的两千余年历史，分为六个时期，正好总结人间佛教的内容。六个时期分别是：

一、东传译经时期（秦汉魏晋时期）

二、八宗成立时期（隋陈李唐时期）

三、禅净争主时期（五代赵宋时期）

四、宫廷密教时期（元明皇朝时期）

五、经忏香火时期（满清民国时期）

六、人间佛教时期（二十世纪以后）

佛教是开启智慧之教，有时候只要听闻一句佛法能与自己相应，真是终生受用不尽。我平时云游在世界各地，来去匆匆之间，经常有人要我给他一句话，希望对他的人生有所点拨。虽然有时行程绵密，时间紧迫，但我总是尽力满人所愿。因此多年来随缘应机说过很多的"一句话"，现在也在徒众与信徒之间流传，例如：

- 我是佛
- 待人好
- 人家要我
- 心甘情愿
- 永不退票
- 人生三百岁
- 立场互换
- 树立品牌
- 忙就是营养
- 化缘要化心
- 拒绝要有代替
- 吵架一回合
- 肌肉是要活的
- 有永远休息的时候
- 要争气，不要生气
- 结缘总比结怨好
- 生气不能解决问题

- 钱用了才是自己的
- 多说 OK，少说 NO
- 把欢喜布满人间
- 有佛法就有办法
- 忍耐就是力量
- 感动就是佛心
- 疾病就是良药
- 残缺就是美
- 贫穷就是罪恶
- 要做义工的义工
- 给人利用才有价值
- 自己就是自己的贵人
- 道场是人生的加油站
- 宁可无用，但不能无明
- 要常想：我能为别人做什么？
- 凡事感恩，一切想当然尔
- 做人要竖穷三际，横遍十方
- 语言要像阳光、花朵、净水
- 有钱是福报，用钱才是智慧
- 成就别人，不要同归于尽
- 不要让阿弥陀佛代替我们报恩
- 可以不信佛教，但不能不信因果
- 宁可失去一切，但不能没有慈悲
- 信佛可以用"行佛"代替"拜佛"

- 要用智慧庄严，不要用金钱堆砌
- 什么都是我的，什么也都不是我的
- 一个人的心量有多大，成就便有多大
- 人是死不了的，生死只是阶段性的转换
- 尽管世间都是污泥，只要我自己做一朵净莲就好
- 不要做海豚，所有的表演只为了一条小鱼
- 要明理，不要光是说理；明理才能从善如流
- 你对我错、你大我小、你有我无、你乐我苦
- 给人信心、给人欢喜、给人希望、给人方便
- 管财、管事、管人都好管，自己的心最难管理
- 给人一些因缘，因为过去别人也给过我们因缘
- 学佛不一定要吃苦，苦不是学佛的目的，苦是增上缘
- 被人责怪，不是末日的来临，而是希望的开始
- 有人批评、毁谤我们，不一定是自己不好，可能是别人给我们的勉励

佛法就如灯塔，可以指引我们人生的方向，使我们不致在茫茫的大海中迷失，因为有佛法就能开启般若的慧眼。般若如暗室的"光"，能照破我们心地的无明，消融人我之间的差别对待，让我们的心不被外境的苦乐所动，进而把执著的凡情转为对众生的慈悲。如《八大人觉经》说："常念知足，安贫守道，唯慧是业。"般若之用，能净化我们的思想，提升我们的道德，有了般若空慧，苦乐是同体，净秽是一如，

贫富能自在，有无能平等。尤其若能以般若空慧，"如是降伏其心"的自受用以外，进而发起慈悲度众之心，令"所有一切众生之类，皆令入无余涅槃而灭度之"，这正是般若功用的极致发挥。

四、慧的圆满——同体共生，人间慧圆

人是群居的动物，每个人都不能离开群众而独居，所谓"在家靠父母，出外靠朋友"，除了我们所认识的朋友以外，社会上还有广大的士农工商都与我们有关系，因为我们的生存，需要他们提供帮助。例如，穿衣需要工人织布，吃饭需要农夫耕种，出门需要司机开车。乃至我们所走的路，哪一条不是别人所修筑？我们居住的房子，哪一块砖瓦不是别人所盖？我们要游山玩水，哪一处风景区不是别人所开垦？此外还有许许多多，我们都需要靠人群才能生活，如果离开社会大众，我们就没有办法存活了。

人与人要相互帮助，要靠"因缘"成就才能存在。缘，是世间上最美妙的事，当初佛陀在菩提树下证悟的真理，就是缘起法则。世间靠着众缘和合，无中可以生有；人生由于善缘的加入，厄运得以改善。宇宙中，一切事物都是相因相成，众生之间也都具有"同体共生"的关系。所以，人与人之间懂得"同体共生"的重要，大家和合共生，世界才会和

平，人间才会和乐。懂得同体共生的人，才是有智慧的人；能够"同体共生"，才是"人间慧圆"。

"同体"，含有平等，包容的意思。譬如人身虽有眼、耳、鼻、舌、手、足等诸根的差异，但是却同为身体的一部分；地球虽然有各种国家、民族、地域的不同，但是却是共同仰赖地球而生存；众生虽然有男女、老少、强弱、智愚的分别，但是却同为众缘和合的生命体。相状虽然千差万别，但是清净的佛性是平等一如的。

"共生"，含有慈悲，融和的意思。法界一切众生是彼此互相依附，赖以生存的生命共同体。佛经有一则譬喻说瞎子、跛子、哑巴，借着互相提携帮助，终于安全逃离火宅。一出精彩的戏剧，除了有主角的精湛演出之外，还需要配角的无漏配合。我们生存的社会，也需要士农工商各行各业，贡献每一个人的力量，才能建立祥和而共有的社会。

"同体"是平等观，"共生"是慈悲观。慈悲；才能容纳对方；融和，彼此才能共生共存。佛教的特色就在于平等的精神，佛陀最初创立僧团，就是要打破印度四姓阶级的不平等，而提倡"百川入海，同一咸味；四姓出家，同为释氏"的平等观。佛陀初成道时，在菩提树下发出"大地众生皆有如来智慧德相"的宣言，揭橥心佛众生三无差别的同体平等精神，提倡"生佛平等"、"圣凡平等"、"理事平等"、"人我平等"的思想，佛陀其实就是"同体共生"与"慈悲平等"的倡导和推动者。

"同体共生"的重要，从世间上很多的事例、道理，都可以说明。例如前面所说，人的身体，眼耳鼻舌身心，虽然各司其职，但要互相帮助；能够六根互用，才能成为一个身心健全的人。

乃至我们所居住的地球，它是虚空中的一个大宇宙；我们的身体，就是一个小宇宙，大宇宙与小宇宙都是息息相关。我们讲一句话，透过电波就可以传遍整个地球；吐一口气，可能成为地球上的一个风暴。我们不要以为自己只是一个人，我在这个世界上能拥有多少？地球那么大，虚空那么大，我能关心多少？其实曾令举世惊恐的禽流感，之所以爆发流行，只不过是一只小动物感冒了，因为人体没有抵抗的力量，就会受到感染，甚至死亡。从这个事例可以说明，现在的世界是没有国界的，大家都是同体共生的生命体。

另外，自然界，树木丛生才能成为丛林。我们看，在海拔几千公尺的高山上，所有树木欣欣向荣的成长，他们不会因为有你，我就不长，彼此共生共荣，共同繁盛。江湖河川，点滴汇流大海，大海都能包容，因此才能成其大。灯光，一灯亮了，再有一灯、二灯，甚至三灯、四灯，彼此光光相照，就如佛佛道同，光光无碍，这都是同体共生的道理。

动物中，鹣鲽比翼、凤凰于飞，都有和合的性格，因此为人赞叹。甚至狮子和狗可以共同生活，猫与狗也能相依为命。世界上本来就没有天敌，只因各自习性不同，有的性喜居住高山，有的习惯平地生活，有的穴居山洞，有的深藏海底，甚至仙人掌在酷热的沙漠，都能傲然地开着各色花朵。他们之间彼此共生，也能和大自然共存，所以上天有好生之德，天之德，就是养育生命。

世界上的民族，有的逐水草而居，但是广大的草原也没有舍弃他们。过去凡是靠近海边，有流水经过的地方，都是富裕之地，出产的东西特别多，民众生活真是得天独厚；而现在沙漠发现石油，总算让过去苦苦守着沙漠的人民，也有发财的机会。

过去有的人思想狭隘，因为某些历史情节，造成某些姓氏互不通婚，例如宋朝秦桧害死岳飞，岳、秦两姓因此视如世仇；彰化鹿港施、郑不联姻，也是缘于郑成功与施琅之间的恩怨。因为姓氏造成人与人之间的分裂，这是人为的；但是古代刘关张桃园结义，后代子孙因此成为世交，这也是人为的。其实大家应该全体百家姓，大家都是一家亲，因为情义的东西，岂是一个姓氏不同就能分割。

在古代，一个和番就是不得了的大事，例如王昭君能和匈奴人共生，甘愿下嫁和番，所以拉近了胡汉二族的关系；文成公主远嫁西藏松赞干布，成为民族、政治和佛教的美谈。但现在东西方的异国鸳鸯，比比皆是，所以未来海峡两岸必然成为一体。

中国的民族很多，汉满蒙回藏等，"五族共和"这是同体共生；美国的移民很多，各个种族都在那里发展，彼此和谐共处；联合国集合世界各民族在会议桌上，减少了许多国际纷争，这不都是同体共生的可贵吗？

但是另一方面，世界上的各个民族也要容许他们各自存在，所谓"同中存异"，并非硬要放在一起才叫"同体共生"，各有各的生命发展。世界上，就是科学家，研究室也要有多种资料，相互参考研究；一栋伟大的建筑，也要结合山川土地上的建材供它使用。世界上的和风，并拂着大众；世界上的阳光，普照着一切众生。大地山河提供我们遨游，所谓"和则生，不和则亡"，所以现在举世都在倡导，大家要"共生共有"，才能"共荣共存"。

在佛教，从释迦牟尼佛打破四姓阶级，泯除种族之间的不同，让四姓出家，如江湖河海，同为一味。佛教僧团，佛陀倡导"六和僧团"，弟子们依"身和同住，口和无诤，意和同悦，见和同解，戒和同遵，利和同均"的规约，和谐共处。甚至佛陀对新入门的弟子，总是特别照顾。佛陀关心弱势族群，最初的舍卫城，连比丘尼洗澡的地方都没有，佛陀因此与信众共同发起兴建浴室。乃至为了比丘在当地托钵方便，几次举办大型讲演，让各界知道"财法二施"的关系。

佛陀一再强调，世间一切都是"四大"所成，"五蕴"和合而有，所以现在提倡"你中有我，我中有你"，这正是人间佛教最重视的和合精神。佛教在世间上，不管在任何国家地区，都讲究服务、尊重、布施、喜舍，为的是要让大家懂得尊重，共同生存。

佛教徒当中，就拿古代中日韩的锦绣河山来讲，哪一处不是佛教徒建设开垦的。现在我们倡导人间佛教，提倡相互往来，透过语言的沟通，达成信仰一致；即使不同，也要相互尊重。我们用灾难的救济互助，促进友好；我们用各种文字语言来往，促进交流；我们召开各种学术会议，沟通各种文化，促使彼此认识、包容；我们举办各项活动，让大家一起参加，如大冶洪炉，共同一体。

世界就是我们的家，透过集会、救济，大家相互帮助。因此，多年前佛光山在澳洲黄金海岸、美国夏威夷大岛、纽约鹿野苑等地，就都预留土地，准备从事养老育幼的服务，主要是让世界能敬老护幼。我们在世界很多旅游景点，也都提供给会员信众挂单安住。平时对于老人家有困难的，云水医院给予医疗；青年人就学有需要的，给予奖学金，包括大学、中学、小学，甚至童子军、幼儿园。我们也兴办许多社会事业，提供在家信众参与，让大家至少在佛门里，都能共同营生，共同生存。

尤其，历年来国际佛光会在世界各地，一直不断从事常态性的慈善活动，对于一些经济落后、生活贫苦的地区，佛光会以兴屋、施粮、医疗、教育为主，协助当地人改善生活环境；在一些社会福利完善的国家，则办理慈善义卖、义诊、捐血等活动，以及前往老人院、孤儿院、教养院、特殊教育研究中心等机构关怀慰问弱势族群，反馈当地社会。例如：

大陆在"文革"以后因为各地经济落后，当时正值国际佛光会成立，于是透过佛光会副总会长严宽祜居士，在广东、江西、四川等地兴建五十几所"希望小学"，让贫困失学的小孩得以接受教育；同时成立"佛光医院"，以补某些乡镇地方医疗不足的问题。

另外，在非洲马拉维成立"阿弥陀佛关怀中心"，专门收容父母早丧的失怙儿童，并计划从抚孤、医疗、教育着手，解决当地的社会问题。

在巴西成立"如来之子扶贫教养计划"，帮助巴西贫民区小孩接受正统教育，同时学习一技之长，以避免将来为了生计，沦为毒贩，或是未婚妈妈等。

在巴拉圭建造"佛光桥"，改善地方建设；兴建"中巴佛光康宁医院"，免费为当地贫户看诊；成立"早产儿安置方案"，购买保温箱，救助贫民的早产儿；广设"无饥饿方案"，赠送豆浆机，提供给贫困区域；举办赈济活动，捐赠轮椅，嘉惠残障人士，等等。

十多年来，佛光会积极在世界各地从事各项慈善活动，反馈社会，造福当地居民，从布施中实践佛道。此外，平时各地遇有天灾人祸，佛光人更是"急难救援，全球总动员"。例如，一九九九年台湾地区"九·二一"大地震后，佛光山与佛光会除在第一时间紧急捐款及提供物质救济，帮助往生者处理后事，举行超荐法会以慰亡灵，同时成立十四所"佛光园——心灵加油站"，以佛法帮助生者重建心灵，走出震灾阴霾。并提供货柜屋，兴建永平佛光村，协助十所学校重建，总共花费约两千万美元。

二〇〇一年美国"九·一一"恐怖攻击事件发生后，我们在纽约成立急难指挥中心，全球佛光会员一起响应各项救灾协助工作，并于佛光山全球各大道场设立超荐牌位，为罹难者诵经超荐，及设置灵堂供各界哀悼。期间，我也前往美国，展开一连串美加弘法活动，先后举办数场宗教领袖的对谈、佛学讲座、梵呗音乐会、三皈五戒、记者会、佛光会干部讲习会，以及童军授证等，并亲自率众到纽约双子星大楼废墟诵经洒净，目的只希望能以佛法帮助惶惑不安的人，给予心灵建设与安抚。

其他如一九九七年巴布新几内亚发生大干旱，经台湾地区"立委"沈智慧及巴国驻台商务代表蔡明隆居中安排，国际佛光会澳洲急难救助中心立即捐助相当于三万美元的罐头、泡面、大米和干粮等食物，协助当地灾民解困。

二〇〇〇年二月二十八日，菲律宾的马容火山爆发，成为百年来最严重的灾害，居民流离失所，菲律宾佛光协会马上成立"马容火山赈灾中心"，全力发动赈灾活动，赶往火山爆发殃及的灾区赈济，共计分发三千户灾民，每户领到价值菲币四百元的赈品。

二〇〇四年十二月二十六日，南亚地区发生百年来最严重的地震，并引发海啸，造成重大灾难。佛光山及佛光会立即发动"海啸无情，人间有爱"赈灾活动，从赈灾、救济、重建家园、心灵辅导等四方面着手，拨款进行全面性救援行动。全球佛光协会更是总动员，配合联合国及响应各国外交部进入灾区救援。

二〇〇五年八月美国面临本世纪以来最强烈飓风卡翠娜侵袭，成千上万人无家可归。国际佛光会与佛光山发起"飓风残害，佛光送爱"活动，世界总会立即拨十万美元赈灾，并发动佛光人协助当地政府各项救援工作，安置灾民。

以上只是列举一二，其实十五年来国际佛光会的发展，一直以"天下一家"为出发点，希望每个人都能胸怀法界，相互扶持，都能懂得"同体共生"的重要，发愿做一个同体共生的地球人。

在佛教里，很多的教义、主张都充满"同体共生"的思想。例如，华严宗之"十玄六相"所说的"事事无碍"法界观，就是一种"自他一体，法界圆融"的圆满世界。《法华经》的思想大义中，一念三千、百界千如、三种世间、性具思想、二谛圆融等，只要懂得法华的要义，就会知道"百界千如，一念三千"，原来十法界的众生都不离一心，一心圆具万法，万法就在我们的一心之中。

佛教提倡平等，平等的真义乃"一多不异"。一般人喜多厌少，以致比较、计较，起惑造业，这个世间也因此纷扰不断。其实在佛教看来，一就是多，多就是一，一多不异，性相圆融。因为万法一如，同体共生，随举一法，都与全体有密不可分的关系。因此，现在举世提倡和平，和平首先要能平等，能以大尊重小，以多尊重少，以强尊重弱，以有尊重无，以上尊重下，如此才能获致和平。

佛教的菩萨因为悟解"般若"为诸佛之母，"缘起缘灭"是诸法实相，"三法印"是宇宙人生的真谛，"四大非有"、"五蕴皆空"是生命的本质，"同体共生"是宇宙的轨则；甚至因为信解"缘起中道"的真理正法，故能观"空有无碍"，所以能以出世的思想作入世的事业。

一般人喜欢探究人有无命运，其实命运就是"因缘"。造什么因，结什么缘，就有什么果报；果报善恶，就决定命运的好坏。所以做人要广结善缘，对于别人曾经给我们好因好缘，我们也要给人善因善缘，彼此互为因缘，这就是"同体共生"。

"同体共生"的思想博大，同体共生就是法界融和，人我一如。人间佛教提倡"同体共生"，重视"众缘成就"，因为诸法都是因缘和合所成，世间上的万相都不能单独存在，一切都要相互依存才能成其事。不但我们平日生活所需，没有一样不是取之于社会大众辛苦的结果，没有社会大众，个人必然无法生存下去，甚至人与自然也有同体共生的关系。现在举世经常发生地震、海啸、风灾等重大灾害，这些看似天灾，但其实是人类破坏环境，引起大自然反扑的结果。例如，南美洲的巴西热带雨林，由于它可以调节全球的气温及空气，对全人类的生存关系重大，虽然联合国出钱补助，希望大家不要砍伐，要好好保护，可是事实上南美洲的热带雨林一直在慢慢消失中；美国纽奥良受到卡翠那飓风横扫，死伤几十万人，间接的原因之一，就是沼泽地过分开发的结果。

现在人类最大的危机，正是长久以来仅以自己的立场来看待万物，能用则用，相悖即诛，以致步步自限，自毁前程。佛教讲"同体共生"，因为宇宙万物都是众缘和合，彼此共生共存，所以佛法讲"布施"，其实就是物我一如，同体共生的宏观。我的财物，可以与人共享；我的智慧，不必私藏，可以造福别人；我的所有，无须占有独享，可以反馈给人间有需要的人。

佛教讲"惜福"，也是基于对"同体共生"的认知，因为唯有珍惜大自然各种资源，人类才能永久平安地在地球上生存。佛教讲"因缘"，认为所有众生都是相依的因缘和合体，并以"无缘大慈，同体大悲"和"同体共生"的理念作为推展公益事业的依据。因为宇宙万物都是由众缘和合而成，所谓"缘聚则生，缘散则灭"。推其原理，国家与社会就是由种种因缘关系所组成，由人民共同的力量所建立。明白此理，则人类必须摒弃过去"物竞天择，适者生存"、"弱肉强食"的概念，而改以平等互惠的观点来看待一切众生，举凡有益众生的事情，大至世界和平、保育运动，小至造桥铺路、施灯施茶、赞美鼓励，大家都应该随心尽力，共襄盛举。

因此，放眼世界，可以说，唯有佛教的真理才能保护自然环境，唯有佛教的妙谛才能挽救地球的危机。因为唯有佛教"众生平等"的观念才能去除人类的我执，唯有佛教"同体共生"的思想才能促进宇宙的生机，唯有佛教"慈悲护生"的做法才能减少人类的杀业，唯有佛教"以事明理"的教育才能开拓闭塞的心灵。如《金刚经》的"是法平等，无有高下"，具足性空平等、理事平等、生佛平等的大智，才能心包太虚，量周沙界。如《楞伽经》的"一切众生，犹如己身"，具足"同体共生"的认识，才能无缘大慈，同体大悲。

人类是群居的动物，无论食、衣、住、行，所受用物皆是大众相互成就而有，尤其资讯发达的现代，人人更离不开大众而独自生活。早在两千多年前，佛陀即殷勤教导弟子入众与人相处的礼貌，例如：能谦恭，知次第，不论余事，悉心聆听，信受奉行，等等。时间虽已久远，直至今日，仍旧备感亲切与受用。

只是遗憾的是，现在举世仍然战争不断。其实战争杀人，如果把别人都杀死，只剩下自己，也无法生存。所谓"害人害己，益人益己"，都有相互的因果关系。

话说有一天，阎罗王开庭审判，他对小鬼甲说："你在世时杀人、抢劫，胡作非为，判你堕地狱百年，之后出生为人。"

接着对小鬼乙说："你在世上整天只知吃喝玩乐，巧取豪夺，既不知孝顺父母，更无益于社会人民，也是罚你到地狱受苦五十年，再投胎做人。"

轮到一个新闻记者，阎罗王说："你堕到无间地狱，不能超生。"记者听判后向阎罗王抗议说："刚才他们两个人种种的坏事做尽，也不过罚他五十、一百年的受苦；为什么我只是一个新闻记者，既没偷盗，也没杀人，反而会被判到无间地狱呢？"

阎罗王说："因为你写的文章，戕害人心，到现在还继续在世间上流传，让人受害；他们两个杀人做坏事，受害只有一次就完了。因此，除非等你所写的书籍所散发的毒素对人的影响消失殆尽，或许将来还能有超生的机会吧！"

我们不要以为害人，自己可以不负责任；社会点滴，都有因果关系，所以共生才能吉祥。我认为世间上的生命，不论水中游的、空中飞的、地上爬的，不分种类形状，生命是一体的，是共生共有的。如《金刚经》说："所有一切众生之类，若卵生、若胎生、若湿生、若化生……我皆令入无余涅槃，而灭度之。"我们要将有生命的每一类众生，都视如我们的六根，缺一不可，能够如此，大家就是同体共生的慈悲人了。

当初我创办国际佛光会，就明确地把它定位为一个倡导众生平等的社团，在佛光会里，所有的会员不分国家、不分种族、不分男女、不分贫富，大家共同为弘扬佛法而携手努力，因为我们视一切会员为同体共生的地球人。十五年来的国际佛光会，诞生了五任总会长，七千五百个督导，七千五百个会长、副会长、秘书。当中有些地区的分会，女儿是会长，妈妈是副会长，爸爸是秘书，大家以这样平等的精神，发展我们的信仰，和谐我们的人事。

我们信仰宗教，目的就是要去除自私心，长养公德心；私心只会让我们的心胸变得更狭窄，眼光变得更浅短。因此，我们要扩大自己，开阔眼光，这个世界是一个同体共生的世界，每一个众生都是相互依存，共生共荣的。就如虚空中，日月星辰，不分明暗，互相辉映；大地上，山岳丘壑，不论高低，彼此连绵；宇宙间，奇珍异兽，不管异同，相辅相成。因此，这个宇宙本来就是"同体与共生"的圆满世界，大家应该常怀公德心，以慈悲心来爱护我们这个宇宙的大家庭，以平等心来对待一切众生。唯有大家体认到我们都是住在同一个地球上的生命共同体，彼此捐弃我见偏执，彼此守望相助，进而尊重每一个众生的生存权利，以"同体"来推动众生平等的思想，以"共生"来发扬慈悲喜舍的精神，如此才能让地球成为和平安乐的人间净土。而这一个理想目标的实现，则需要人人具足般若智慧。

总结三天的讲座，说明戒定慧三学，是我们学佛不可缺少的资粮，因此在佛教的千经万论之中，处处提及三学的重要，历代的祖师大德们也无不大力提倡此法门。例如：

《杂阿含经》说："三学具足者，是比丘正行。"《大方等大集经》说："所谓戒定慧，无上陀罗尼，能令三业净，一切人所爱。"《海慧菩萨所问净印法门经》说："诸佛正法护持者，身语心业皆清净，戒定慧净亦复然，得解脱智善清净。"

道安法师则说："世尊立教法有三焉，一者戒律，二者禅定，三者智慧。斯之三者，至道之由户，泥洹之关要。戒乃断三恶之干将也，禅乃绝分散之利器也，慧乃济药病之妙医也。"鸠摩罗什法师也说："持戒能折伏烦恼，令其势微；禅定能遮烦恼，如石山断流；智慧能灭烦恼，毕竟无余。"

最后，我也将戒定慧三学的重要性，归纳如下：

（一）**适合人类特性**：佛经说，人有追求梵行、忍耐勇猛、累积智慧等三项特性，是其余六道所不及；戒、定、慧三学与这三种特性相通，是我们进趣佛道的最佳门径。

（二）**息灭贪嗔痴**：贪嗔痴是众生的三种根本烦恼，众生因为它们的存在而妄想颠倒，造业轮回，所以又称为"三毒"。勤修三学，守持戒律，可以养成勤俭、喜舍、慈悲、布施的习惯，就能对治悭贪的毛病。"嗔"念起时，要用"定"来对治，修习禅定能使我们心虑澄净，遇到逆境，就不会生起嗔心。善于运用般若智慧观照，就可以转烦恼为菩提。所以，勤修戒定慧，是息灭贪嗔痴的良方。

（三）**经律论所诠**：约三藏而言，经藏诠释定学，律藏诠释戒学，论藏诠释慧学。所以，修习戒定慧三学，在思想和生活上就能实践佛陀的教法。

（四）**涵摄八正道**：八正道是四圣谛的主要内容，其中正语、正业、正命属于戒学，正见、正思属于慧学，正念、正定属于定学，正精进通于戒、定、慧三学。所以，依三学而行，是趣向解脱的正道。

（五）**符合六度行**：大乘菩萨道以六波罗蜜为正行，其中的布施、持戒、忍辱、精进正是戒学的主要纲目，禅定归于定学，般若属于慧学。因此，三学是自他兼利，同登彼岸的舟船。

总之，戒定慧三学是福慧双修、行解并重的根本功夫，我们唯有勤修戒定慧，息灭贪嗔痴，才能获得圆满幸福的人生。所以在香港红磡体育馆二十年佛学讲座圆满的此刻，我仅祝福大家，祈愿人人都能"三学增上"，福慧圆满。

谢谢大家。

图书在版编目（CIP）数据

人间佛教的戒定慧／星云大师 著. —北京：东方出版社，2013.7
ISBN 978 - 7 - 5060 - 6460 - 6

Ⅰ.①人… Ⅱ.①星… Ⅲ.①佛教—通俗读物 Ⅳ.①B94-49

中国版本图书馆 CIP 数据核字（2013）第 143862 号

本书中文简体字版权由上海大觉文化传播有限公司独家授权出版
中文简体字版专有权属东方出版社
著作权合同登记号 图字：01 - 2013 - 3634 号

人间佛教的戒定慧
（RENJIAN FOJIAO DE JIEDINGHUI）

作　　者：星云大师
责任编辑：王　萌
出　　版：东方出版社
发　　行：人民东方出版传媒有限公司
地　　址：北京市东城区朝阳门内大街 166 号
邮　　编：100010
印　　刷：北京明恒达印务有限公司
版　　次：2013 年 8 月第 1 版
印　　次：2023 年 9 月第 5 次印刷
开　　本：880 毫米×1230 毫米　1/32
印　　张：7
字　　数：130 千字
书　　号：ISBN 978 - 7 - 5060 - 6460 - 6
定　　价：30.00 元
发行电话：(010) 85924663　85924644　85924641